U0092994

俄羅斯民主轉折
── 衝突、反恐與危機處理

■ 胡逢瑛 著

教育部
■ 獎勵 ■
教學卓越
計畫贊助

錢復先生蒞臨元智大學演說

■元智大學通識教學部助理教授 胡逢瑛

2009年12月28日，元智大學通識教學部進行了全球化系列活動「台俄論壇」國際學術研討會的第二階段。爲此，王立文主任邀請了曾擔任中華民國駐美代表、外交部部長、監察院院長的錢復先生蒞臨指導演說。錢院長進行了一場非常精彩的開場主題報告，題爲：「中華民國外交發展與現況」。錢院長不但將中華民國外交過去的發展作出了階段性的總結，也對國家未來發展的外交方向與前景提出了前瞻、睿智的建言。錢院長還以長者的過來人身分和豐富的人生經驗，鼓勵全場師生走正道、行大路，人生方可以走得長遠。通識教學部王立文主任表示錢院長的爲學處事相當令人欽佩，錢復先生也是他最爲尊敬的前輩之一。王主任盛讚錢院長是通識教育的典範、楷模！錢院長也稱許王主任推廣中華經典是很有遠見和格局的做法。

▲ 元智通識教學部與莫斯科國立國際關係學院東亞暨上海合作組織研究中心建立合作夥伴關係，在簽約儀式中盧金教授表示，自己會說中文且對於曾經被派駐北京擔任外交官的俄羅斯漢學學者而言，以中華文化作爲交流的基礎是一件很有意義的事情

實質關係的產生背景

錢復先生將中華民國的外交發展分爲幾個階段：第一個階段是大陸淪陷、兩岸分離之後的 1949～1971年這短期間，兩岸是以互爭聯合國中國代表權爲特徵，而美國的態度是這場席位爭戰的關鍵因素。1971年的十月下旬正是中國合法代表權審議的時間，白宮國家安全顧問季辛吉卻在此時訪問大陸，我方向美國代表團表示季氏此舉勢必向其他國家發出錯誤的訊號，最終會傷害到中華民國在聯合國裏的代表權和安理會的地位。第二階段是1971年～1997年，中華民國展開了彈性且務實的外交，這段期間不但要行銷中華民國，並且到要沒有邦交的國家協商進行互設代表處的事宜，有了代表處之後可以繼續進行簽證發放和暢通貿易的工作，這對於台灣發展對外貿易、吸引外資和活絡旅遊觀光事業都有很大的幫助。在這個階段中實質關係取代了過去的外交關係。第三個階段是1997年～2008年，外交變成了烽火戰，強調拼鬥，台灣成了國際的麻煩製造者，台灣主權的說法和行爲造成全球不滿。錢院長強調台灣並沒有主權的問題，中華民國才有主權，而外交工作必須很細緻、柔和來處理，外交絕對不能以拼的方式來草莽行事。

▲ 前監察院院長錢復先生擔任第二場台俄論壇主講人(照片來源：元智大學電子報)

兩岸必須互諒互信

在錢院長提出的中華民國外交發展階段中，他特別重視於1992年在外交部長任內提出的「大陸政策位階高於外交政策」，強調了大陸政策是對民眾福祉和國家利益攸切相關的。錢復先生還指出作爲外交部長爲何要提出這樣的政策方向。錢復先生認爲，2008年以後，政府改變了兩岸衝突的做法，但是所謂外交休兵或是活路外交的說法也造成了很多人的困惑，錢復先生因此認爲，外交作爲無須過多創造名詞，如果政府無法明確解釋其中意涵給社會大眾，反而會造成政府不作爲或是放棄台灣的不必要疑慮。錢復先生提出了在中華民國主權的大架構之下，台灣才有國際生存的條件，故兩岸關係貴在取得互信互諒。兩岸在互信互諒的基礎上，如此台灣才能在國際上獲得實質的交往，同樣地，大陸才有可能往自己所想的政策方向逐步落實。錢院長進一步解釋到，如果台灣老百姓生氣了，大陸也沒有可能實現自己政策願望的一天；反之，台灣方面如果對對岸挑釁且不友善，那麼，在國際上也會面臨無法參加國際組織的困境。因此兩岸需要相互體諒和相互信任，互挖對方牆角只會傷害兩岸自己的同胞而讓其他利用我們兩邊互挖牆角的第三國坐享漁翁之利。

中華經典的國際交往意涵

這次參加「台俄論壇」題爲「中華經典與外交政策：迅速變動下的外交政策和國際關係」的論文發表者還有：俄羅斯外交部莫斯科國立國際關係學院東亞暨上海合作組織中心的亞歷山大・盧金(Alexander Lukin)主任，盧金教授談的是「從蘇聯到蘇後俄羅斯外交政策的轉變」，他的父親Vladimir Lukin曾任俄羅斯駐美大使(1991～1993)，是錢復先生擔任外交部長時的舊識。廣州暨南大學新聞傳播學院吳非副教授，他目前也是香港「大公報」的專欄作者，長期關注中俄關係與兩岸三地的變化，談的主題是「大陸對台關係體制的特點 －從台灣媒體報導中分析起」。第四位講者是元智大學通識教學部的胡逢瑛助理教授，她發表的論文題目爲：「美國阿富巴戰略意涵－《從孫子兵法》來檢視美國出兵阿富汗與伊拉克決策動機和國家安全戰略特點」。

盧金教授認爲，俄羅斯需要睦鄰友好的政策，對於國際的領導地位俄羅斯強調多極世界與多國參與，由於俄羅斯飽受恐怖主義之苦，因此以打擊恐怖主義爲號召，與美國和中國走向國際合作取代對抗關係的道路上來。盧金教授認爲，格魯吉亞戰爭改變了俄羅斯內外的國際環境處境。吳非副教授強調大陸需要向台灣多學習中華文化，以文化來包容台灣內部意見多元的問題，而大陸對台機制的單位彼此協調性不足，且台灣人民一旦遭遇外敵入侵已經有死守抵抗到底的歷史經驗，希望大陸當局深思對台使用武力將會造成民族屠殺和仇恨的後果，兩岸需要有中華文化來牽繫彼此的情感，中華文化也可以拓展台灣民眾的胸襟和視野。胡逢瑛助理教授則引用《孫子兵法》解讀美國出兵阿富汗和伊拉克的利弊得失和戰略意圖，說明了中國兩千多年前的古老兵書的高度智慧，以及戰爭導致美國面臨金融危機和人道主義喪失的嚴重後果。

▲ 大會開幕前，通識教學部在彥公廳的貴賓室裡迎來了兩位重要貴賓—錢復先生與盧金教授，錢復先生和論壇主席王立文教授交談甚歡

民主的實踐有賴於品德修養

錢復先生表示，追求民主的精神絕對沒有錯，問題在於人有沒有品行去實踐民主。正是許多人胡作非爲傷害了民主體制和民眾福祉。錢復先生的解釋讓現場聽眾茅塞頓開。這次「台俄論壇」題爲「中華經典與外交政策：迅速變動下的外交政策和國際關係」，主要贊助者是研發處的孫一明研發長，論壇在元智大學五館的彥公廳舉行，軍訓室張揚興主任教官和林煒舒教官協助安排大會現場，兩百多名的元智師生共享一場「中華文化與外交對話」的精神饗宴！王立文主任閉幕時重述錢復先生的外交態度，強調外交是一份細緻柔和的工作，文化外交爲我們找到了國際對話的切入點；錢復先生則勉勵年輕人要走正路，努力成爲正正當當有德性且有能力的人。

▲ 兩百多名的元智師生共享一場「中華文化與外交對話」的精神饗宴！(照片來源：元智大學電子報)

《元智通識教學部全球化系列》

「台俄論壇2009:YZU－MGIMO Forum」

▲ 鈡俊先生蒞臨演講(中間者)與主持人和其他講者在會前合影留念

▲ 彭宗平校長很高興參加台俄論壇和國立莫斯科國際關係學院俄方學者代表團

▲ 王立文主任在辦公室內與華可勝院長(Alexei Volkonsenikov)交談元智通識教學部建築中華經典課程約過程及其展望

▲ 王立文主任聆聽Prof Azenov對通識教學課程臺商化的意見

▲ 元智大學彭宗平校長向華可勝院長介紹《元智橋報》一書的精彩內容

▲ 中央研究院政治所解像儀與王山所長與華可勝院長在元智茶敘「台俄論壇2009: YZU-MGIMO Forum」圓桌會議中文成基教約情景

▲ 元智通識教學部與莫斯科國立國際關係學院(大學)政治學院建立合作夥伴關係協約儀式

▲ 前中華民國外交部部長、駐京院院長錢俊先生蒞臨元智講學，與莫斯科國立國際關係學院東莫基上海合作組織研究中心鑑全球化、元智通識教學部主任王立文交談、實前整理大學特聘教授與吳劉鈜妗、元智通識教學部補處現地通識教授、共同暢談外交政策與兩岸關係以及中華經典在臺的國際關係中的重要意涵。

▲ 元智通識教學部與莫斯科國立國際關係學院(大學)東莫基上海合作組織研究中心建立合作夥伴關係協約模式，函即交成俄魏小組右方者近在童導譯與合作條協約的內容

▲ Prof Azenov贈送王立文主任一本俄西學智講義約中華文化大辭典，此場會議主持人是元智大學國際論壇首中主任王潤華教授(中間者)

序

Умом Россию не понять,
Аршином общим не измерить:
У ней особенная стать—
В Россию можно только верить.

——《用世智聰明無法理解俄羅斯》1866.11.28

用世智聰明無法理解俄羅斯，
用一般標準無法衡量她：
她具有自身的獨特之處，
對於俄羅斯只能信任她。

　　蘇聯解體後，俄羅斯的民主發展與社會危機似乎成為了共生體。俄羅斯政權交替始終離不開政變或是武力解決。因此如何讓俄羅斯政權和平轉移成為維護俄羅斯民主制度的一個重要的特徵。而俄羅斯國家再度崛起離不開普京這個名子。國家安全問題成為俄羅斯最大的隱憂。

　　俄羅斯國家安全問題又離不開對於戰爭、恐怖主義以及突發事件的危機處理。因此，為了處理複雜艱鉅的國家問題，具有國家和國家安全概念的人反而成為俄羅斯國家領導人必要且不可或缺的特質。普京的國安背景和經歷以及他為人低調認真的人格特質，儼然成為了俄羅斯民族英雄般的人物。但俄羅斯的民族英雄少了西方的浪漫主義，多的是承擔維護國家社會安全和解決人民生活困境的

重責大任，俄羅斯的英雄總帶有寫實主義和犧牲奉獻的救世宗教精神在裡面。

壹、指定國家統治者其來有自

俄羅斯是個謎樣的國家，她有廣袤浩瀚的土地，藏有豐富的天然礦物資源，土地上生活著多種民族且留下了多民族生活和記憶的文化烙印。不過俄羅斯的政治卻是不平靜的，人民嚮往內心的自由，以及天生愛好自古以來對自然崇敬和雞犬相聞的眷舍生活，在守著自己家園的封閉式生活中共榮共享且自給自足，這都使得俄羅斯民族天生愛好自由與嚮往民主的民族性格。不過這個國家的人民始終苦多於難，故對於政權抱有先天的不信任感。在 20 世紀與 21 世紀之交的俄羅斯，是在經濟惡化與社會不安中度過的，因此能夠勝任俄羅斯國家元首的人必定須是不平凡的人。

俄羅斯指定國家統治者其來有自。早在古羅斯國家立國之初，12 世紀的俄羅斯第一位編年史家涅斯托爾在《編年紀事》中指明，公元 862 年，北方諾曼民族的瓦蘭人留里克，受邀成為位於沃爾霍夫河上諾夫哥羅德城的大公，成為鬆散各部落斯拉夫民族的最高統治者。此一事件有幾個重要意涵：第一，象徵著古羅斯國家的誕生，東斯拉夫民族開始以國家的形式進行內部管理和統治；第二，古羅斯國開始向外擴張和戰爭的開始，武力成為了領土擴張的最直接方式，這一點成為俄羅斯國家資源耗費在軍事上卻使人民彈盡糧絕的弊病；第三，俄羅斯人內鬥經常擺不平，誰也不服氣誰，最後大家一致認為必須仰賴一個外部人士且是強而有力的領導人來統治和解決內部的分歧。

貳、Who is Mr. Putin？為何是普京？

　　公元 1999 年 12 月的最後一天，俄羅斯總統葉利欽總統如往常向全國老百姓發表過年祝賀詞的電視錄影談話，葉利欽突然宣布辭職，指定普京為國家領導的接班人，擔任總理且代理總統職務，以此來瓦解圍繞在俄羅斯共產黨和統一俄羅斯黨以及金融工業寡頭在莫斯科內部權力核心之間的鬥爭。2003 年 3 月普京順利當選為俄羅斯總統。普京是彼得堡幫，可以減少莫斯科幫對於他治理國家的制肘。

　　西方世界一片譁然，因為要重新與一位非常陌生且有非常重要的人物打交道。顯示葉利欽長期將普京放在身邊觀察，這一招棋不論是西方媒體或是俄羅斯媒體都沒有機會打擊普京。葉利欽對於俄羅斯再度崛起立下的基礎。

　　首先，普京的國安背景是葉利欽所器重的。普京具有國家安全人員的背景，蘇聯解體前他在東德擔任情報人員，90 年代中被葉利欽拔擢到克里姆林宮，成為總統身邊分析情資和控管監督國內各地方首長的親信。不論是地方的民族主義分離或是各自為政的問題，或是恐怖活動的爆發，甚至是電視中出現的洩密和政治鬥爭，都離不開對於國家情資的掌控和了解。民眾看見的已經是國家領導者的危機處理能力和治國理念了。俄羅斯國家最大的危機就是國家安全問題，蘇聯解體就是戈巴契夫與國家安全局之間出現的問題，1990 年政變顯示戈巴契夫變得舉無輕重且無法掌控國內分裂的局勢。

克里姆林宮內的秘密會談

❖ Раннее утро 31 декабря 1999 года в кабинете президента в Кремле: папа, премьер-министр В.В.Путин, глава администрации А.С.Волошин, руководитель протокола В.Н.Шевченко, пресс-секретарь Д.Д.Якушкин. Обсуждается последовательность действий этого дня.

葉利欽總統下的最後一到總統令

❖ В этой папке указ президента о назначении премьер-министра В.В.Путина исполняющим обязанности президента России.

東正教主見證政權和平轉移

❖ Патриарх Алексий приехал в Кремль по просьбе папы. Он хотел, чтобы патриарх узнал о его отставке не из телевизионных новостей. Они оставались друзьями до последних дней папы

恭喜您功成身退了

❖ Поздравление с Новым годом группы телевизионщиков первого канала и сотрудников администрации, участвовавших в записи.

其次，普京的經濟改革的長才。普京曾經擔任彼得堡市的副市長，掌管經濟改革政策。葉利欽要借重普京經濟掌管的能力。普京的經濟管理態度顯現在他將能源企業國有化以及以市場經濟價格出售俄羅斯能源的態度上。能源稅收成為國家預算的最重要來源。俄羅斯對於能源的運用是建立在國家安全戰略基礎上的，在國際上除了市場價格以外，俄羅斯很重視國家之間的互信程度，在國內，能源企業不能成為寡頭的提款機，它必須是低廉共應給老百姓的。

再者，普京長期以來處事低調且做事認真負責的態度，贏得了葉利欽的信任。在莫斯科的政治圈中有太多結黨營私且浮躁膚淺的政治人物，民眾普遍對這些政治人物的觀感極壞，普京純樸執著的性格以及打擊恐怖份子的強硬態度可以在俄羅斯總統大選中一展長才，這類型的人選可以博得許多婦女選票。

還有就是普京的國際觀，普京對歐洲十分了解，而且能夠在未來與美國在歐洲安全的國際舞台上互別苗頭，葉利欽認為以普京的愛國精神來講，普京一定會維護國家利益且重振俄羅斯的雄風。普京同時發展俄羅斯與中國之間的關係作為平衡西方政策的一部分。

俄羅斯目前政權呈現梅德韋傑夫總統和普京總理的雙核政體。2010 年 3 月底莫斯科市中心爆發了地鐵爆炸事件，梅德韋傑夫總統被認為掌握情資不足，此事被西方輿論認為是普京與梅德韋傑夫之間出現嫌隙，也為 2012 年俄羅斯總統選舉的布局增添變數。在俄羅斯政權有內部鬥爭的傳統來看，普京和梅德韋傑夫只有更加密切的合作方能化解內部分裂，那麼外部的共同威脅和危機將會是兩人合作的契機。目前雙核體制成為普京結合政黨和政府力量的基礎，過去政黨給人極權專制的負面形象，普京政府結合政黨和

非政府組織的菁英，強化內閣對政策的執行，這種以強勢總理姿態出現的形式，雙核政體：一個內政、一個外交，成為俄羅斯政體二度轉型的特點，未來可以減少政權轉移出現的不確定性和減少選舉制度對於執政年限的限制。

目次

蘇後俄羅斯民主化之轉折及其驅動力[1]

　　本文旨在從俄羅斯中央與地方關係的變遷、政黨政治的運作、以及媒體所扮演的角色，論述蘇聯解體後，俄羅斯民主改革進程的轉折及其驅動力。

　　本文認為，蘇後俄羅斯民主化進程轉折的驅動力，在於俄羅斯追求強國與秩序的傳統政治文化。進一步解析，可以說，蘇後俄羅斯民主化進程轉折的驅動力，在於社會菁英對於聯邦政府可能進一步解體的疑慮、政府掌控國會以提升立法效率的策略、以及執政者掌控傳媒以確保永續執政的企圖心。俄羅斯的媒體人在收入保障和確立媒體在國家發展中的戰略目標之後，此時媒體人的地位反而在成為國家安全戰略夥伴中獲得提升。

關鍵詞：俄羅斯、民主化、葉里欽[2]、普欽[3]、梅德費杰夫[4]。

---

[1] 本文為政治大學俄羅斯研究所前所長王定士教授指定與作者研究合作的研究計畫主題之一。特此感謝王定士教授對本文的指導與修改意見。
[2] 目前俄羅斯人名的中文翻譯有所不同，包括葉里欽、葉利欽，葉爾辛……等等。特此說明並不影響全文閱讀和對內容的理解。
[3] 目前俄羅斯人名的中文翻譯有所不同，包括普欽、普京、普丁、普亭、蒲亭……等等。
[4] 目前俄羅斯人名的中文翻譯有所不同，包括梅德費杰夫、梅德維傑夫、梅德韋杰夫……等等。

壹、前言

　　1990 年 2 月，蘇共中央全會取消共產黨對國家的法定地位，並實行總統制和多黨制；1990 年 6 月 12 日，蘇聯最高蘇維埃通過了「出版與其他大眾傳播媒體法」，取消新聞檢查制度與創辦者資格限制；1991 年 12 月 27 日，即蘇聯解體的第二天，俄羅斯聯邦總統葉里欽立刻簽署生效執行第一部俄羅斯聯邦法「大眾傳播媒體法」。總體而言，這幾件重大舉措，象徵俄羅斯開啟民主化進程的標誌主要就是兩方面：多黨制度的形成以及新聞自由的產生。然而，蘇聯解體後的民主化改革，在葉里欽時期百花齊放後，到了普欽時期卻發生了重大的轉折。本文旨在從俄羅斯中央與地方關係的變遷、政黨政治的運作、以及媒體所扮演的角色，論述蘇聯解體後俄羅斯民主改革進程的轉折及其驅動力。

　　20 世紀 90 年代，冷戰時期兩個超級強權之一的蘇聯，驟然解體。蘇聯解體後，新獨立的俄羅斯聯邦，隨著東歐民主化改革浪潮的推動，走向全新的西化路線。此一發展，意味著俄羅斯的凋零衰敗亦或浴火重生？在這樣大的國家劇變中，國家領導者的政治思維和改革方向決定了國家整體的命運。

　　蘇聯解體後，俄羅斯聯邦的國家創立者葉里欽，將俄羅斯從共產極權國家快速帶向民主自由化的國家；然而，此一民主化的進程也為俄羅斯的政治與社會帶來動盪不安。2000 年以後，普欽在維持民主憲政的體制下，以法律形式固定了俄羅斯中央政府的實權，走上有別於西方民主傳統的俄羅斯式「主權民主」的自主道路。

　　2008 年，梅德費杰夫當選為俄羅斯第 4 屆總統；宣誓就職後隨即任命執政黨－團結俄羅斯黨（партия «Единая Россия»）的主

席普欽為總理；梅普兩人形成雙軌核心的共治政體，在普欽仍然掌握黨的機器和國會多數的情況下，俄羅斯政局仍在普欽的主導之下發展，因此，總統和總理的互動關係也成為西方國家觀察俄羅斯未來政局動向的焦點之一。

本文認為：2007 年底產生的國會，在政權黨－團結俄羅斯黨的一黨獨大下，會與普欽所領導的政府密切合作，推動各項改革所需的法案，全面提高行政效率，從而有助於經濟發展與政治穩定，梅普雙人馬車就是保證普欽路線的延續[5]。

有關俄羅斯的民主是否出現了倒退，有三個相關的題目可以加以討論：第一，是否依據一些客觀的標準，讓我們可以判定俄羅斯的民主政治出現了倒退的情況，而如果民主倒退是事實，那麼究竟是甚麼因素可以解釋它產生的原因；第二，俄羅斯的人民是不是感受到這樣的民主倒退，也就是民眾主觀的瞭解和客觀的事實是否相吻合；第三，俄羅斯的人民是不是在意這樣的民主倒退，還是他們更為關切其他的議題、或是不認為民主與人權是至高的。在西方的價值觀念當中，葉里欽時期的缺陷民主優於普欽時期的威權主義，然而經驗過這兩種統治模式的俄國人卻多數情願選擇後者。費雪用方法論正確和政治正確的方式，處理了俄羅斯民主倒退的問題，但是他沒有進入俄羅斯人民的心情世界，理解他們對於俄國民主表現的觀點，以及對自由主義式民主序位的看法，因此是有相當不足之處的。而這兩個問題，也是西方比較民主研究的死角，在這裡透過俄羅斯的例子鮮活地彰顯出來了。很明顯地，如果要推動民主，在地人的主觀認知和價值取向是非常重要的。[6]

---

[5] 王定士（2008）。俄羅斯 2007 年國家杜馬與 2008 年總統選舉之研析，《台灣東北亞研究季刊》2008 年冬季號，台北市：秀威出版社，頁 36。

[6] 吳玉山（2009）。〈解釋俄羅斯的民主倒退〉，《台灣民主季刊》第六卷，第

針對俄羅斯民主化進程此一發展情勢，本文將分為五節進行研析。第一節：前言；第二節：蘇後俄羅斯民主化進程概述；第三節：普欽時期民主化進程的轉折；第四節：蘇後俄羅斯民主化轉折的驅動力；第五節：結語。

貳、蘇後俄羅斯民主化進程概述

蘇後時期，影響民主化進程最大的發展，就是中央與地方的關係、媒體帝國的興起、以及政黨政治的發展。本節將就這三個方面論述葉里欽時期的民主化發展。

一、葉里欽時期中央地方關係

世界上 30 多個聯邦制國家，多數都是按照地區特徵建立的。俄羅斯聯邦則是按照民族－地區特徵形成的，是多民族特點造成的。聯邦的穩定在一定程度上依賴於中央權力的集中程度與整個聯邦的同質性程度之間某種可能的相關關係[7]。

葉里欽時代的中央政府和地方的關係非常微妙，西方資本大量進入俄羅斯的能源產業，主要以資本融入的形式出現，另外在資本融入過程中，西方銀行對於俄羅斯銀行業的控制，使得俄羅斯資本流通成為主要的問題，在俄羅斯的西方資本還流入俄羅斯股市，這變相控制了俄羅斯的整體資本市場[8]。這樣在面對 1998 年的金融危機中，當西方的資本撤出俄羅斯後，俄羅斯完全沒有本土的資本來

一期（2009 年 3 月）：199-205。

[7] 王麗萍，《聯邦制與世界秩序》，北京大學出版社，2000 年，頁 47。

[8] Стратегия для России，Россия после выборов: внутриполитические императивы - 2 апреля 2000 г. (СВОП СОВЕТ ПО ВНЕШНЕЙ И ОБОРОННОЙ ПОЛИТИКЕ)

填補其中的空間[9]。同樣的問題也出現在 2008 年的金融風暴，西方資金的出逃直接打擊了俄羅斯的經濟。國家利益的衝突始終讓俄羅斯防範西方國家對於銀行體系、能源事業和傳播媒體的過多資金介入的控制，這樣使得俄羅斯在梅普共治的控制體制下度過了金融風暴的危機。

在葉里欽時期，儘管俄羅斯憲法條文中已經確定了聯邦制的一般原則，但對實現這些原則的具體社會經濟基礎並沒有有效確定。這種不確定性使得每一方按照對自己有利的方式來解釋俄羅斯憲法和聯邦條約的規定，從而形成中央與地方的「拉鋸戰」格局。葉里欽在處理中央與地方關係時，在遇到 1994 年發動第一次車臣戰爭失敗後，發生改變。主要表現是中央與地方失去聯繫。在葉里欽時代，俄羅斯中央和地區管理制度的非效率特徵主要有四點：一、提升民族自治地區在聯邦中的地位；二、提升非自治實體在聯邦中的地位；三、簽署「俄羅斯聯邦條約」四、制定「俄羅斯聯邦憲法」[10]。

俄羅斯 1993 年憲法的特徵：首先，它確認制度的轉換，是俄羅斯社會制度轉型的產物；其次，它擯棄了蘇維埃憲法制度，極力向西方憲法制度靠近；再次，它帶有俄羅斯傳統中個人專權的特色；最後，它是特定歷史條件下的產物，帶有社會轉型時期的特點。1993 年的俄羅斯憲法，帶有法國總統制的許多特徵，例如規定總統依普選制原則經選民直接選舉產生，總統有權解散議會等。同時，這部憲法也具有俄羅斯自己的特色，這是一部對於總統與中央

---

[9] ВИКТОР ДАНИЛОВ ДАНИЛЬЯН, КЛЮЧЕВОЙ ФАКТОР РАЗВИТИЯ ЭКОНОМИКИ, Стратегия России, 2007 Март, №3.

[10] 唐朱昌，〈從危機到治理：俄羅斯中央和地方關係制度變遷評析〉，《學習與探索》，2006 年，第 3 期，頁 179-181。

政府非常有利的一部憲法。葉里欽時期協調中央與地方關係的主要
目的在於維護俄羅斯的統一。此時葉里欽主要採取三個手段維護統
一：第一，通過法律的形式確認聯邦主體的地位，實現國家的統一；
第二，通過加強法律，尤其是憲法監督，來維持中央與地方關係，
鞏固統一；第三，通過加強軍事力量的協調來實現中央和地方的
統一[11]。

二、葉里欽時期媒體控管與媒體帝國的興起

1990 年 2 月，蘇共中央全會取消共產黨對國家的法定地位，
並實行總統制和多黨制；1990 年 6 月 12 日，最高蘇維埃通過了「出
版與其他大眾傳播媒體法」，取消新聞檢查制度與創辦者資格限
制；1991 年 12 月 27 日，即蘇聯解體的第二天，俄羅斯聯邦總統
葉里欽立刻簽署生效執第一部行俄羅斯聯邦法「大眾傳播媒體
法」。[12]在蘇聯時期，俄共是唯一合法的媒體創辦者，蘇聯體制下
的國家政府機關和各級黨組織專營主辦報刊和經營媒體，媒體經費
來自政府預算的分配補助，而從蘇聯到俄羅斯政治體制轉軌過程
中，所帶來經營方式的改變是在於當局解除了媒體創辦者的資格限
制。媒體經營的模式也從過去共黨和政府機關辦報集中管理的垂直
模式轉變成為國家投資、政黨投資、私人資本、外企合資的多元股
份制模式，政府功能也正式由過去的「審批辦理媒體」向「專業管
理媒體」方向轉變，以促進媒體面向市場，充分利用地域及行業的
市場資源，形成獨立法人的治理結構。[13]

---

[11] 鄭言、梁磊，〈中央與地方關係：中國、俄羅斯之比較研究〉，《新視野》，
2006 年，第 3 期，頁 95-96。
[12] 胡逢瑛、吳非（2005）。《透視蘇俄傳媒轉型變局》，台北市：秀威出版社，
頁 7。
[13] 同註 12。

（一）媒體控管

媒體是葉里欽登上權力高峰的主要工具。1991 年 5 月，葉里欽向蘇共中央黨書記戈巴契夫爭取到開播第二頻道俄羅斯廣播電視台（PTP）的權利，頓時扭轉了蘇聯時期只有奧斯坦基諾蘇聯中央廣播電視公司一家獨大的電視媒體頻道壟斷的局面[14]。俄羅斯境內遂形成兩家國營的中央級電視台互別苗頭的情況，對俄羅斯新政府而言，奧斯坦基諾是蘇聯舊時代的產物，如何提升俄羅斯廣播電視台的節目水準與壯大全俄羅斯國家電視廣播公司集團一直是葉里欽鞏固政權和控制媒體資源的重要目標。[15]

1993 年底，葉里欽總統簽署總統令成立俄羅斯聯邦廣播電視服務處（ФСТР），與此同時，俄羅斯廣播電視委員會（Федеральная комиссия по телерадиовещанию）也宣佈正式成立，後者屬於聯邦政府體制外的服務單位，直接向總統本人負責。廣電服務處成立的目的在於協調並處理整個聯邦內傳播活動中出現的爭議性問題，而廣電委員會的功能則在於負責廣播電視台中具體的技術性問題與頻道使用的政策研議工作，這樣政府體制內外組成的結構在當時其實就是一種總統為控制媒體所做出的政治性考量。[16]

俄羅斯前總統葉里欽執政初期的傳媒立法專家、前新聞出版部長米哈伊爾·費德洛夫指出，政府在俄羅斯傳播法建立總體設想當中的地位，在於俄羅斯政府應當大力發展服務於社會的媒體，它的形成必須仰賴於聯邦、地區和自治共和國政府三種領導勢力的整

---

[14] Засурский И. Я. (1999). Масс-медиа второй республики, М.: МГУ, c.142.（伊凡紮蘇爾斯基，《第二共和的大眾媒體》，莫斯科：莫斯科國立大學出版社，1999 年，第 142 頁。）

[15] 胡逢瑛、吳非（2005）。《透視蘇俄傳媒轉型變局》，台北市：秀威出版社，頁 12。

[16] 同註 15，頁 10。

合，只有這三種政府勢力將本以分散的傳播資源整合之後，俄羅斯傳媒才可能在全俄羅斯國家電視廣播公司集團統合資源分配的領導下，完成俄羅斯媒體公共化的目的[17]。這一電視公共化概念在葉里欽執政十年期間奠定了基礎，普欽則負責清除金融寡頭勢力深根的自由派電視台。[18]

雖然前總統葉里欽在爭取國家獨立與政策鬆綁的過程中，曾與民主派媒體是同一戰線，但是執政者與媒體經營者的利益取向畢竟不同，記者也必須監督政府濫權與揭發政府弊案來滿足閱聽眾的知情權益或甚至是好奇心。這樣自由的媒體遇上國家發生重大政治事件、戰爭或緊急災難時，例如炮轟白宮、車臣戰爭，政體轉軌後的政府與媒體都缺乏在自由時期的合作經驗以及對資訊政策的實踐經驗，例如反政府與反戰的輿論都讓新政府對自由媒體產生一種無可奈何的憎恨感，所以在普欽時期，整合媒體資源是恢復國力的第一步驟。

（二）媒體帝國的興起

關於媒體與政權的關係，Sparks（1998: 21-23）認為，大眾傳播體系的自由程度取決於權力的分配。[19]90 年代葉里欽總統執政期間到兩千年普欽就任總統後，俄羅斯媒體發展的進程可劃分為「多元發展期」、「政府、金融寡頭瓜分期」和「政府獨大期」；此一發展反應了俄羅斯政府、媒體與金融工業集團在傳媒體系轉型與形成過程中之中的互動關係。俄羅斯媒介環境在蘇聯解體後經歷了巨大

---

[17] Московские Новости（2002.6.11）(《莫斯科新聞報》，2002 年 6 月 11 日）。

[18] 胡逢瑛、吳非（2005）。《透視蘇俄傳媒轉型變局》，台北市：秀威出版社，頁 14。

[19] Sparks C. and Reading A. (1998). Communication, Capitalism and the Mass Media, London: Sage, pp.21-28.

的變遷，媒體經營結構從蘇共中央統一管理的模式轉變為多黨化、民營化、多元化、市場化、集團化、專業化與國家化，於此轉型期間，俄羅斯媒體不斷進行資本重組及集團兼併。

2000 年至今，俄羅斯國有事業急速兼併銀行寡頭的媒體事業，顯示出總統普欽仍希望媒體在市場機制下繼續扮演政府喉舌，發揮引導輿論和監督政治環境的職能。然而，在多元化的社會結構中，俄羅斯專業媒體人則希望有足夠採訪、寫作與報導的空間，讓媒體機制能夠成為獨立人格的社會機構，發揮監督政府施政的「第四權」的角色。而媒體經營者則希望在憲法保障多元化與自由籌設媒體的環境下，積極將自己的媒體事業擴大成為跨國多媒體的大集團，以此作為攻佔國內外電訊、資訊網路與金融市場的基礎。總體而言，俄羅斯媒體人在追求實踐「第四權」理念的過程中，無論是葉里欽或是普欽總統都不忘積極將控制媒體當作執政成功的首要關鍵要素。遺憾的是，俄羅斯民眾資訊的反饋途徑在整個俄羅斯媒介環境中仍不夠受到重視，社會建築上層的政治角力似乎都還停留在政府、媒體經營者與專業媒體記者之間對於經營執照與報導方向的爭鬥。[20]

俄媒體事業在俄羅斯時期的發展表現在政權與媒體間的互動關係，彼此經歷了蜜月與對立時期，兩股勢力不斷相互消長，論述基本如下：[21]

1. 1990 年到 1993 年，政府解除媒體禁令，媒體得到自由，因此支援民主派政府繼續進行改革的道路；

---

[20] 胡逢瑛、吳非（2005）。《透視蘇俄傳媒轉型變局》，台北市：秀威出版社，頁 18-20。
[21] 胡逢瑛、吳非（2005）。《透視蘇俄傳媒轉型變局》，台北市：秀威出版社，頁 17。

2. 1993 年政府與議會爭奪國家最高行政權白熱化之際，「國家政府派」媒體持不批評政府的支援立場，以及「自由民主派」媒體持批評但支援政府改革的立場，但在這段期間，政府成立了國家緊急狀態委員會，經常控制記者言論，並下令禁止俄共黨營媒體的活動，這引起媒體人強烈的反彈；

3. 1994 年到 1996 年主流媒體反戰，只有俄共和斯拉夫民族主義者的微弱媒體勢力支援捍衛國家主權的戰爭行動，這時政府與「自由民主派」媒體人的關係很對立，而大規模的車臣戰爭消弱了俄羅斯的經濟實力和國際形象。

4. 1996 年與 2000 年兩次總統大選期間，媒體與政權之間的關係良好，「國家政府派」與「自由民主派」媒體支援俄羅斯繼續走民主法治以及市場經濟的道路，媒體經營者可繼續發展做大，記者可以自由報導。由於俄羅斯前總統葉里欽是無黨無派，在他執政期間，政府有賴金融工業集團的支援，與俄共舊勢力抗衡，國會是左派政黨主導，葉里欽以總統令發展媒體，政權和金融工業集團已經形成魚幫水、水幫魚的自然利益共同體，媒體會因為利益替政府政策護航。

5. 2000 年以後，普欽上任初期，政策多由國會第二大黨團結黨護航，其他黨如右翼聯盟、自民黨與無黨籍議員也大都支援普欽的政府。2002 年前夕，團結黨與中間偏左派的第三大黨俄羅斯祖國黨結盟合併，更確定了今後國會將更順暢地執行總統的政策。普欽登上權力高峰當選總統後，立刻展開對兩大私營媒體壟斷集團進行打擊，結束了 90 年代媒體群雄割據的局面，確立國有資本獨大控股的新壟斷形勢。媒體與政府關係也從百花齊放的自由浪漫階段進入國家威權體制時期，這時媒體以國家資本獨大形式逐漸成為政府的宣傳機器，在

大部分情形下俄媒體將扮演政府引導輿論民情的喉舌，也就是今後媒體必須服務政府，以政府主導的國家整體利益優先，企業與個人利益居次。此時，媒體記者將逐漸持不批評政府政策的態度，以求媒體與政府保持友好互動，迫使「自由民主派」的專業記者面臨新聞自由受限的窘境。

2004 年以後，俄羅斯媒體與政府之間的關係，在俄羅斯重新崛起的過程中與政府打擊恐怖主義的行動中得到了妥協：也就是普欽以俄羅斯國家利益為由，重新定位媒體的質能屬性為「政府的戰略合作夥伴」，俄羅斯媒體也在這樣的國際與國內環境中順藤摸瓜，給自己找到了下台階，在許都多重大危機事件和重大事務的決策過程當中發揮了關鍵性的作用，重而建立嶄新的媒體角色，尤其是在 2004 年別斯蘭人質事件的危機後，俄羅斯媒體深感媒體不能成為社會的負面因素或不穩定的來源，當時又面臨普欽欲修改傳媒法，因此媒體成立高峰會，一方面達成媒體之間有關於危機報導的自律公約，另一方面，俄羅斯媒體與普欽總統之間成功建立危機處理模式與溝通管道，普欽遂放棄修改傳媒法的念頭。當俄羅斯媒體在國家發展的國家安全戰略中發揮了正面的作用，政府在國家安全戰略中必定將媒體戰略列作重要的優先戰略目標之一，這使得俄羅斯媒體不但沒有萎縮反而地位更為提高。

三、葉里欽時期政黨政治概述

俄羅斯政黨政治發展在葉里欽時代可分為三個階段：第一、激進改革階段（1991 年「819 政變」後～1993 年新憲法產生）。葉里欽一上台即以蓋達爾為總理，採西方之建議借波蘭震撼（休克）療法（shock therapy）。以哈斯布拉托夫（R. I. Hasbulatov）為首的議會和葉里欽間的權力鬥爭，並撤換蓋達爾總理，以車爾

諾梅爾津（Viktor Chernommyrdin）代之。1993 年 10 月葉里欽決
定以武力砲轟議會，強迫議會解散，結束了府會對立。1993 年 12
月俄羅斯憲法通過，建立起「超級總統制」。第二、從激進轉向溫
和改革階段（1993 年～1996 年總統大選結束）。第三、穩定曙光
出現階段（1996 年～1999 年 12 月 31 日葉里欽辭職）。兩次國會
選舉和總統大選後，中間派勢力成為權力核心，葉里欽的民眾支
持率也大幅下降，加上 1994 年 12 月及 1998 年 8 月的車臣戰爭、
1998 年 8 月金融風暴的影響，重挫了俄羅斯人的心，迫使葉里欽
於 1999 年 12 月以健康為由辭去總統職位，以普欽做為代理總統
（acting president）。普欽代理期間，政治關係緩和，但是穩定度仍
然脆弱；政府由車爾諾梅爾津後再四次更換總理——基里延科
（Sergei Kirienko）、普里馬科夫（Yevgeny Primakov）、斯捷帕申
（SergeiStepashin）、普欽等。[22]

參、普欽時期民主化進程的轉折

　　制止國家分裂、改革中央和地方關係、以及建設「強有力的國
家」，這些問題的解決與打擊恐怖主義聯結在一起，成為普欽執政時
面臨的重大問題。第一階段從 2000 年至 2004 年 8 月。重點是強調結
合國情，鞏固聯邦，理順中央與地方關係。第二階段主要從 2004 年
別斯蘭恐怖事件以後開始，重點是深化一系列改革。普欽的改革符合
俄羅斯「可控的民主」理念。「可控的民主」在葉里欽中後時期已提
出。普欽時期是「可控的民主」的鞏固和發展階段。「可控的民主」

---

[22] 蔡秋如。〈俄羅斯政黨政治的發展與特質——國家杜馬選舉之分析〉。
edoc.ypu.edu.tw:8080/.../俄羅斯政黨政治的發展與特質——國家杜馬選舉
之分析.pdf。

是俄羅斯現行憲法的基礎，而且事實上也符合俄羅斯民主發展的進程[23]。普欽執政後，以強化中央對地方的控制為重點，此後俄羅斯民主是否倒退的問題成為了國際關注的焦點，俄羅斯媒體對此卻不願意多做揣測和批評，這與普欽打擊媒體寡頭與進行媒體國家化有關，這一點在俄羅斯國家電視台和俄羅斯中央新聞社的表現最為明顯。

一、普欽時期中央地方關係的改革

俄羅斯領土完整成為俄羅斯精英在 1991 年蘇聯解體之後首先要考慮的問題。這種疑慮總體反應了中央政府對地方稅收以及財權和人事權的掌控。其次是外部資本對於地方政府的影響，成為俄羅斯與西方的妥協問題。再者，俄羅斯聯邦主體預算支出在統一預算支出中的比例，成為穩定地方發展的重要要素。

2000 年 5 月 13 日，普欽簽署總統令，決定按照地域原則建立由共和國、邊疆區和州組成的 7 個聯邦區，並在每一個聯邦區任命一位總統全權代表，即在聯邦中央與聯邦主體之間增加一個監督管理機構，通過任命駐聯邦區全權代表直接管理聯邦區內的事務，以此「保障總統履行其憲法職能，提高權力機關的工作效率，完善對聯邦國家權力機關的決定執行情況的監督。」普欽希望通過這一措施，合併總統在地方上的縱向機構，簡化中央與地方的關係結構，加強對各聯邦主體權力機關的監督，提高政權運作效率，為建立統一的國家垂直權力體系實現對聯邦主體的有效控制提供體制保障。普欽的這一措施無疑使聯邦中央和總統擁有了對地方進行控制的行政管理機制。普欽也認為，聯邦區的建立，使聯邦政權更加接近地方，「會加強國家的統一。」[24]

---

[23] 唐朱昌，《俄羅斯經濟轉軌透視》，上海社會科學出版社，2001 年。
[24] 《普京文集》。北京：中國社會科學出版社，2002。

　　事實證明，聯邦區的設立起到了加強國家統一的作用。此外，從總統全權代表的人選可以看出普欽的政治意圖：2000 年普欽任命的首批 7 名總統駐聯邦區全權代表中，有 5 位來自於軍隊、克格勃等強力部門，僅有 2 位屬於文職總統代表，這體現出「強勢總統」普欽實現聯邦主體有效監督和控制的決心。[25]2004 年 9 月 1 日，北奧塞梯共和國發生的別斯蘭事件成為普欽深入改革聯邦制度的契機。[26]普欽在提出一系列反對恐怖主義措施的同時著手更加深入的聯邦體制改革，以鞏固國家統一。[27]

　　普欽發動第二次車臣戰爭及 2008 年發動的格魯吉亞戰爭的主要格局就是對於格魯吉亞這樣高加索地區，主要採用戰爭的手段。俄羅斯出兵格魯吉亞的理由，則是在地處格魯吉亞境內的、不承認格魯吉亞為主權國家、並且已經宣佈獨立的一個地區來捍衛持有俄羅斯護照的居民和合法的俄羅斯維和部隊士兵的安全[28]。美國哈佛大學大衛斯俄羅斯研究中心主任科爾頓（Timothy J. Colton）在瓦爾代會議上公開表示，格魯吉亞率先出兵，這是百分之百的錯誤。實際上，連美國駐俄羅斯大使也早在衝突發生之後，就在公開的場合明確地表示，格魯吉亞錯誤地發動了這一場戰爭，美國一直在勸說格魯吉亞放棄這次冒險，直至開戰之前的最後一刻[29]。

---

[25] 李士峰（2009）。《理論月刊》，2009 年第 03 期。http://qkzz.net/magazine/1004-0544/2009/03/3369469_2.htm.

[26] 普京，《就北奧塞梯人質事件發表的講話》[DB/OL]。http://euroasia.cass.cn/2006russia/Politics_ru/corpus/corpus/20040904.htm.

[27] 李士峰（2009）。《理論月刊》，2009 年，第 03 期。http://qkzz.net/magazine/1004-0544/2009/03/3369469_2.htm.

[28] 馮紹雷，〈從俄格衝突到國際金融危機的「危機政治經濟學」──俄羅斯與大國關係的變遷及其對中國的啟示〉，《俄羅斯研究》，2009 年，第 3 期。

[29] Джон Байерли. Мы до последнего убеждали Грузию не делать этого// Коммерсантъ. №149 (3966), 22.08.2008.

　　為了提升地區的經濟發展，俄羅斯聯邦主體預算支出在統一預算支出中的比例從 1992 年的 34%（不包括社會基金支出）上升到 2000 年的 54.4%，隨後有所下降，但仍然超過總支出的一半以上。高出 15 個轉軌國家平均值（25%）31 個百分點；哈薩克斯坦和烏克蘭預算支出接近 40% 集中在次級政府，同時大多數轉軌經濟國家的比例為 20%～30%[30]。此外，聯邦以下政府預算支出在統一預算支出中的份額要分別低於德國 11.4 個百分點、加拿大 6.3 個百分點、美國 4.6 個百分點[31]。這說明從支出方面財政資源的分權程度比轉軌國家高，在聯邦制國家中處於中游水準[32]。

　　地區與地方預算是聯邦政府的擴展，政府間關係體系的特徵是收入集權化。收入分享與政府間轉移支付作為平衡下級政府預算的會計工具，其規模名義上基於支出標準，但主要由協商決定。由於市場化改革、聯邦財政赤字的壓力，把主要支出許可權下放到聯邦以下各級政府是預算體制變化最大的[33]。1991 年 12 月通過的「俄羅斯聯邦稅收制度基本原則法」和「預算體制的基本原則與預算程式法」構成了多級預算體制以及保障地方政府的稅收預算自主權擴大的法律基礎[34]。

---

[30] БогачеваО. В. Бюджетныевзаимоотношенияфедерального центра и субьектов РФ. Регион: экономикаисоциология. 1999.

[31] ИгудинА. Г., ПоповаН. А.Некоторыепроблемымежбюджетныхотношенийв Германиии России, Финансы. 1999 (4).

[32] DeborahWetzel, Decentralization In The Transition Economies: Challenges And The Road Ahead [R].World Bank 2001.

[33] Христенко В. Территориальные бюджеты и межбюджетные отношения / / Финансы. - 1997 (7)

[34] Богачева О.Становление российской модели бюджетногофедерализма / / Вопросыэкономики. 1995, (8).

聯邦以下政府發明了多種方式為其預算赤字進行融資：(1)州政府為了解決短期流動性問題而向財政部的借款；(2)由「官方」的銀行或其他機構發行的匯票；(3)地方政府貸款抵押物。尤其是地方政府的借款品質對宏觀經濟穩定的影響。聯邦以下各級政府借款往往具有利息成本高和到期時間短特點，債務目的通常用於經常性支出，排斥了國內其他尋求借款的人；當聯邦以下各級政府無力償還借款時，往往聯邦政府成為最終的出借人，必然惡化國家財政狀況。

俄羅斯領土完整成為俄羅斯精英在 1991 年蘇聯解體之後首先要考慮的問題。俄羅斯政治穩定工作小組在 2007 年的報告中指出，中央與地方的主要問題在於是否能夠執行 1993 年的聯邦憲法[35]。首先未來烏拉爾以東的俄羅斯大部分領土一直是俄羅斯政治人物考慮到的主要問題，如何避免讓俄羅斯像 1917-1920 年通過流血才能夠保持領土完整。俄羅斯中央政府主要面臨兩個問題，首先是經濟發展中的金融危機問題，就是說由於莫斯科與地方政府的溝通有限，這樣銀行業務並不能夠服務地方或者中央的發展，這樣需要中央政府出台大量的政策加以調節[36]。

---

[35] Заявление рабочей группы по политической стабильности Совета по внешней и оборонной политике，2007. В состав рабочей группы входят: Батанов А.С., Бендукидзе К.А., Глазьев С.Ю., Караганов С.А., Кобаладзе Ю.Г., Кузьминов Я.И., Лошак В.Г., Мндоянц С.А., Нещадин А.А., Никонов В.А., Подберезкин А.И., Попов Н.П., Пушков А.К., Сатаров Г.А., Салмин А.М., Третьяков В.Т., Федоров А.В., Шакиров Р.С., Шахрай С.М., и др. http://www.nasledie.ru/politvnt/19_1/article.php?art=12

[36] Д.В. Суслов (основной автор) и С.Р. Исмагилов. Дмитрий Вячеславович Суслов (заместитель директора по исследованиям Совета по внешней и оборонной политике (СВОП), 《 РОССИЯ В XXI ВЕКЕ: стратегия развития 》, МК «Новое поколение» является дочерней организацией Совета по внешней и оборонной политике, молодежным отделением

俄羅斯轉軌之後，地方財政制度構成了分權財政體制的重要特徵。由於歷史、自治程度、民族等方面的差別使俄羅斯具有混合和不對稱性聯邦制特徵，導致了體制的不穩定。地方自主權的缺乏，地方財政制度的安排影響了資源配置效率的提高和巨集觀經濟管[37]。按照俄羅斯憲法，2002 年普欽決定將聯邦的某些職能轉交給聯邦區，如將部分監督工作和幹部工作讓聯邦區去做，另外財政監督領域和商定部委下屬地方分支機構的使用人選也開始納入考量[38]。

其次是外部資本對於地方政府的影響，這主要包括美國、歐洲和中國的資本，其中俄羅斯中央政府對於中國資本進入遠東地區一直保持懷疑的態度。這樣俄羅斯中央政府在無法解決內部矛盾的前提下，經常將俄羅斯戰略投入到與西方對抗和妥協成為重點。與西方的對抗主要為地方政府提供與莫斯科溝通的管道，因為地方政府內部沒有充足資金和換代技術，資金和技術主要來自於西方或者莫斯科，這樣俄羅斯與西方的對抗就會阻斷西方與俄羅斯地方政府單獨達成協定。

二、普欽時期傳媒體制的改革

自從 1991 年俄羅斯傳媒法頒布以來，俄羅斯媒體得到了空前的發展空間。媒體的民營化、股份化讓媒體同時取得獨立的編輯權力和商業經營空間，但是媒體記者很快地便轉向了金融工業寡頭，尋求經濟支柱。這種寡頭媒體的崛起決定了俄羅斯媒體轉型中的主要

CBOΠ. 2004.P7.

[37] 李淑霞、孫顯松，〈俄羅斯地方政府財政制度研究〉，《學習與探索》，2007 年，第 4 期，頁 171-173。

[38] 《普京文集》，北京：中國社會科學出版社，2002 年，頁 610。

面貌：寡頭因參與政治與享用國家資源攫取了巨大利益，這種形勢雖然瓦解了過去的俄共勢力，支撐了葉里欽十年的執政基礎，但同時也摧毀了俄羅斯國有的經濟基礎。此間，俄羅斯媒體人就是在這個轉型階段體驗了新聞自由與學習了監督政府的第四權力。伴隨著21世紀的到來，普欽試圖遏止電視政治新聞的醜聞化與政黨之間利用媒體放話造成的人事惡鬥。在葉里欽時代媒體因自由化環境所產生的漫天飛舞的口水批評與散佈不實傳言的報道，最後都將在法律規範與執行之下回歸到政策面的實質討論。俄羅斯新任總統梅德費杰夫也多次公開強調穩定是進行改革的基本要素的想法。俄羅斯媒體的另一個契機在於經濟領域的專業化：新聞媒體進入反恐階段後，在穩定壓倒一切的威權政治氣氛之下，就要看未來俄羅斯的國家領導人如何處理經濟改革中媒體所需扮演的角色。此時媒體的報導需要更趨向專業化與深度化來解決新聞箝制後所帶來的陰影。[39]

　　俄羅斯聯邦傳媒法第4條規定，禁止濫用大眾傳播自由，其中規定，以各種媒介形式進行資訊傳播可能導致違法的行為都不被允許，因此像是對於國家機密的洩漏、涉嫌公開呼籲恐怖活動或是公開為恐怖主義辯護的內容，都會被視為是濫用傳播自由而導致進行犯罪。此外條文中還包括，禁止各種可能會影響到公民生命安全、身心健康、個人隱私或是尊嚴的傳播資訊，或是危害到社會團結的消極報道或是負面報道都被列入不允許報導的範圍當中。因此，這項條款在過去一直被自由媒體批評，認為其涵蓋的範圍過大和空泛，該條款的目的是給執政者有主觀解釋的空間，這相當不利於媒體事業的發展。然而，當時在葉里欽主張塑造自由化環境與親西政策等等大的政策方向之下，政府執法單位並沒有非常嚴格執行這項

---

[39] 胡逢瑛、吳非（2008）。〈俄新聞應回歸政策討論〉。http://www.takungpao.com/news/08/06/03/LTB-914221.htm

條款，但是條款卻為政府在任何可能出現的意外狀況之下保留了對媒體制裁的一個行政裁量權和司法訴訟的權利。在葉里欽執政的最後一年，整個國家面臨金融風暴和恐怖主義的威脅，俄羅斯的國家處境可以說是內外交困，因此普欽執政之後的整個政治氛圍都轉向對媒體比較嚴苛的方向上來。

普欽政府對於要求媒體執行反恐法律的程度比葉里欽執政時期更為嚴格，普欽可以說是執行了葉里欽想做但又做不了的未完成心願，也可以說普欽面臨的國土安全情勢比上一任總統更為嚴峻。2006 年 3 月 6 日俄羅斯總統普欽簽署關於打擊恐怖主義法（簡稱反恐法），該法的主體架構是延續了葉里欽總統在 1998 年 7 月 25 日所簽署通過的第一部反恐法案，其中的第十五條款關於告知公眾關於恐怖活動的規定部分，其宗旨在於避免反恐總部在進行打擊恐怖分子過程中所可能因媒體報導而產生的干擾。

傳媒法案曾經在普欽執政時期面臨一個嚴重箝制新聞報道的修正案，當時杜馬預備增修的條文是任何可能助長恐怖主義的報道都要被禁止，這是在 2004 年 9 月 1 日爆發別斯蘭人質案之後的提案，最後普欽否決了杜馬在兩個月內三讀通過的修正案。但是普欽要求媒體需要制定自律公約，而司法也將嚴格把關看媒體是否落實第一部反恐法中的規定。事實上，普欽就任總統的第一任期開始，打擊恐怖主義成為強國政策的核心，俄羅斯媒體回歸國家化，傳播法規成為媒體服務國家的穩定因素，必要時也是政府可以祭出的撒手鐧。司法調查開啟了媒體國家化與自由化之爭。反恐法賦予軍隊武力攻擊、警調單位搜捕的權力，並且明文規定媒體報道可能涉及助長恐怖主義的具體操作項目，新聞箝制從體制改革的控管進入新聞內容的控制。

　　普欽否決這項傳媒法增修條文的目的在於，媒體需要靠自律來保留新聞自由上的一點空間，當國家發展一旦趨於穩定或是經濟改革獲得實質上的成就之際，媒體可以再回到比較相對自由的環境。普欽建立的威權政府不是一天形成的，普欽不但繼承了葉里欽希望恢復俄羅斯強國地位的脈絡，也承擔了民眾希望改善生活品質的願望，這樣普欽認為只有要求媒體擺脫商業利益，配合政府改革的措施，俄羅斯才有可能走上強國的道路。

三、普欽時期選舉法規的改革

　　俄羅斯的政治黨派在俄羅斯聯邦實行多黨制。該體制始於1993 年。正是在這個時期，依據俄羅斯新憲法，半數以上的俄羅斯下議院國家杜馬議員是按照黨派名單通過選舉進入議會的。今天俄羅斯多黨制在不斷地發展。在 2001 年 6 月根據俄羅斯總統普欽提議，通過了《政黨法》。該法律生效後，只有各黨派和有政黨參與的選舉團體才有權力推薦候選人參加各級選舉。而對於單席位選區的選舉也有相應的法律規定。《政黨法》同時還制定了其他一系列的規定：

1. 政治黨派必須在總統、議會、州長和其他選舉中推舉自己的候選人。長時間忽視選舉對政黨的利益沒有好處。這樣會對該政黨成員帶來各種不愉快事件，包括取消注冊資格。
2. 聯邦黨派必須擁有不少於 1 萬名成員和在至少一半以上聯邦主體內建有人員不少於 100 名的黨派分部。
3. 每年各黨派必須提交給司法部年度財務報表，這些財務文件可以公開發表。所有這些措施使聯邦級政黨規模更大、影響力更強，更具透明性。

目前從眾多的政治黨派和運動組織脫穎而出的只有幾個黨派：[40]

俄羅斯統一黨[41]：領導人是鮑里斯·格雷茲洛夫。該黨在俄羅斯國家杜馬擁有大多數席位。政治家評價該黨是中派政黨。

俄羅斯聯邦共產黨：領導人是根納季·久加諾夫。該黨是俄羅斯現行的自由市場經濟政策的反對派。

俄羅斯自由民主黨：領導人是弗拉基米爾·日里諾夫斯基。他的意識形態是反西方和反北大西洋公約組織，而親近國際專制制度國家，主張恢復俄羅斯軍事實力和提升俄羅斯在國際事件中的影響力，並認為為此甚至可以採取武力手段。但總體上支持總統的政治方針。

祖國—民主聯盟：領導人是德米特里·羅戈津和謝爾蓋·格拉濟耶夫。該聯盟是人民愛國力量的聯合。

右派政治力量的代表們雖然在近期的選舉中沒有進入議會，但在俄羅斯政治生活中仍然起到一定作用，他們是：

右翼力量聯盟：領導人是奧列格·別爾米亞科夫。批評總統在某些方面的行為，但支持克里姆林宮與西方伙伴關係的路線以及和國際恐怖主義的斗爭，支持俄羅斯市場經濟改革的政策。

亞博盧民主黨（蘋果黨）：領導人是格利戈里·亞夫林斯基。該政黨把自己稱為是「建設性的反對派」，並批評現階段的政府路線。最愛談的話題是「經濟政策」問題。該黨特別強調維護人權。

---

[40] 俄新網。http://big5.rusnews.cn/db_eguoguoqing/db_eluosi_zhengzhi/
[41] 俄羅斯統一黨，目前還有的中文翻譯為統一俄羅斯黨或團結俄羅斯黨。

　　另外，俄羅斯執政黨的合作黨派，強調社會福利與低層民眾的照顧。

　　生活黨[42]：領導人是聯邦委員會主席謝爾蓋·米羅諾夫。其創建人評價該黨為「幹實事的黨派」，並斷言該黨派有能力使俄羅斯人過上公正和有尊嚴的生活。該政黨在綱領里提倡建立一個「市場和非市場經濟成分平衡」的經濟體制。

表一　俄羅斯 2000、2004 與 2008 年總統選舉結果[43]

2000 年			
候選人	政黨	票數	得票率
Vladimir Putin	----	37,010,954	53.0
Gennadi Zyuganov	CPRF	20,742,413	29.7
Grigory Yavlinsky	Yabloko	4,120,039	5.9
2004 年			
候選人	政黨	票數	得票率
Vladimir Putin	----	47,558,648	71.1
Nikolai Kharitonov	KPRF	9,246,722	13.8

---

[42] 2006 年 10 月 28 日，「祖國黨」、「生活黨」和「退休者黨」舉行代表大會，決定合併組建「公正俄羅斯：祖國、退休者、生活」黨（簡稱「公正俄羅斯」黨）。米羅諾夫當選該黨主席，巴巴科夫任黨的主席團書記，佐托夫任黨的中央理事會書記。米羅諾夫在談到「公正俄羅斯」黨的政治綱領時說：「可以用三個詞來形容黨的綱領，這就是：勞動，家庭，公正。黨所理解的公正是經濟發展服從於人的福利。

[43] 周育仁、詹富堯、傅澤民（2008）。〈從政治課責觀點探討雙首長制下之政府負責機制：以法國與俄羅斯為例〉。http://www.npf.org.tw/post/2/5123

2008 年			
候選人	政黨	票數	得票率
Andrei Bogdanov	Democratic Party	968,344	1.3
Vladimir Zhirinovskii	Liberal Democratic Party	6,988,510	9.4
Gennadii Zyuganov	Communist Party	13,243,550	17.7
Dmitrii Medvedev	United Russia	52,530,712	70.3

資料來源：Data from the Adam Carr's Election Archive, http://psephos.adam-carr. net/countries/r/russia/, accessed 10.12.08

表二　1995、1999 與 2003 年國家杜馬選舉的參選政黨數[44]

選舉時間	參選政黨數	有效政黨數（得票率 5%以上）
1995	43	4 *
1999	26	6 #
2003	23	4 ※

＊俄羅斯聯邦共產黨（КПРФ），蘋果黨（ЯБЛОК），自由民主黨（ЛДПР），我們的家－俄羅斯（НДР）

＃俄羅斯聯邦共產黨，蘋果黨，自由民主黨（當年以日里諾夫斯基集團－Блок Жириновский 之名參選），祖國－全俄羅斯（ОВР），團結黨（Единство），右翼同盟（СПС）

※統一黨（團結黨）（Единая Россия），俄羅斯聯邦共產黨，祖國黨（Родина），自由民主黨。

---

[44] 趙竹成（2005）。〈俄羅斯聯邦的選舉制度〉，《國政研究報告》。http://old. npf.org.tw/PUBLICATION/CL/094/CL-R-094-020.htm

表三 1993 年 12 月到 2003 年的重要投票行為一覽表[45]

年度	支持權力黨◎	支持總統
1993/12	21%（俄羅斯的選擇＋俄羅斯團結與和諧黨）	57%（憲法複決）
1995/12~1996/6	10,49%（我們的家－俄羅斯＋俄羅斯團結與和諧黨）	35%/54%（葉里欽在一、二輪投票得票率）
1999/12~2000/3	36,65%（團結黨＋祖國－全俄羅斯）	52%（普欽）
2003/12~2004/3	37,57%（統一黨）	71,31%（普欽）

表四 2001-2004 年俄羅斯總統、內閣、地方首長及國會信任度對照表[46]

	信任								不信任							
	2000	2001	2002	2003	2004			2005	2000	2001	2002	2003	2004			2005
	IV	I	I	I	I	VIII	XII	I	IV	I	I	I	I	VIII	XII	I
普欽	77	76	75	75	81	68	69	65	15	18	19	22	16	30	28	32
內閣	39	43	40	39	40	32	33	28	48	44	48	54	50	60	62	66
地方首長	-	57	51	57	57	51	41	47	-	31	40	36	36	44	54	48
聯邦區代表	-	30	29	33	33	31	28	28	-	36	40	41	45	48	52	50
國會	17								44							

---

[45] 趙竹成（2005）。〈俄羅斯聯邦的選舉制度〉，《國政研究報告》。http://old.npf.org.tw/PUBLICATION/CL/094/CL-R-094-020.htm

[46] 趙竹成（2005）。〈俄羅斯聯邦的選舉制度〉，《國政研究報告》。http://old.npf.org.tw/PUBLICATION/CL/094/CL-R-094-020.htm

　　對俄羅斯聯邦與地方關係有深入研究的政大學者趙竹成教授（2005）認為，總統超乎異常的權威與被期待性也造成十五年來俄羅斯在聯邦與地方關係上出現徹底翻轉的極端變化。

　　東海大學許湘濤副教授（2004）認為，俄羅斯第四屆國家杜馬選舉於 2003 年 12 月 18 日落幕後，國家杜馬的政黨生態發生了巨大的改變。由團結黨與祖國—全俄羅斯黨合併而成的統一俄羅斯黨，在普欽總統的支持下獲壓倒性勝利，得票率達 37%，應可獲國家杜馬 450 個席位中的 223 席。俄羅斯聯邦共產黨約有 12.7%的得票率（上一屆得票率為 24%），應可獲得 53 席，比上一屆少 30 席。傾向普欽總統的自由民主黨，以及從共產黨分裂出來的「祖國」政團，都可獲得 30 多個席位。但是，左右兩極的勢力，如農業黨、人民黨、右翼力量聯盟和雅布羅柯集團，則慘遭敗北，已有泡沫化的可能。有關這次杜馬選舉的評論很多。例如，有些人擔心普欽總統打破總統不介入單一政黨活動的傳統，俄國今後將只有「總統黨」，對總統唯命是從，因而產生一個新的沙皇。另有一些分析家指出，左右兩翼的政治真空將使俄羅斯的政治失去制衡的力量。還有一些輿論擔心，普欽總統將可挾持他在國家杜馬裡的絕對優勢，進行修憲而延長任期甚或競選第三任總統。他們認為這將使得俄國的人權和自由受到損害，並走向威權式的國家。歐洲安全合作組織（OSCE）的觀察家則認為這次選舉不符合國際標準，予人一種民主倒退的印象，將對俄國的民主改革構成威脅。[47]

　　根據「政黨法正案」的規定，各政黨必須重新進行註冊，未達到上述要求的政黨被撤銷註冊資格。據俄羅斯聯邦司法部負責政黨註冊的部門在 2007 年 1 月通報，在原先登記的政黨中，有 17 個政

---

[47] 許湘濤（2004）。〈俄羅斯第四屆國家杜馬新政黨生態的政治效應〉。俄羅斯民主化研討會——從台灣看俄國 2003 年國會大選。

黨符合「政黨法」修正案的要求獲准重新註冊，它們是：「人民黨」、「民主黨」、「統一俄羅斯」黨、「和平與統一」黨、俄共、「右翼力量聯盟」黨、「自由民主黨」、「亞博盧」黨、「俄羅斯愛國者」黨、「綠色」生態黨、「農業黨」、「人民意志」黨、「社會主義統一黨」、「自由俄羅斯」黨、「社會正義黨」、「俄羅斯復興黨」、「公正俄羅斯：祖國、退休者、生活」。2007 年 2 月 16 日，「人民黨」宣佈加入「公正俄羅斯」黨。這意味著目前俄羅斯只剩下 16 個政黨。其餘的 15 個政黨因不符合「政黨法」修正案的要求而被撤銷註冊資格，其中包括：「俄羅斯社會民主黨」、「俄羅斯共產主義工人黨—俄羅斯共產黨人黨」、「俄羅斯和平黨」、「自由和人民政權黨」、「俄羅斯共和黨」、「俄羅斯人民愛國黨」、「俄羅斯人民共和黨」、「爭取教育和科學工作者聯盟」黨、「俄羅斯立憲民主黨」、「社會保障黨」、「民族保守黨」等。與 2003 年第四屆杜馬選舉前的情況相比，當前俄羅斯的合法政黨數量減少了約五分之三。「統一俄羅斯」黨中央執行委員會領導人安德列·沃羅比約夫承認：「統一俄羅斯」黨每年從國家預算獲得 1.13 億盧布財政撥款，還有黨員交納的 5000 萬盧布黨費。這是俄羅斯其他任何政黨都無法相比的。[48]

　　2006 年 10 月 28 日，「祖國黨」、「生活黨」和「退休者黨」舉行代表大會，決定合併組建「公正俄羅斯：祖國、退休者、生活」黨（簡稱「公正俄羅斯」黨）。米羅諾夫當選該黨主席，巴巴科夫任黨的主席團書記，佐托夫任黨的中央理事會書記。米羅諾夫在談到「公正俄羅斯」黨的政治綱領時說：「可以用三個詞來形容黨的綱領，這就是：勞動，家庭，公正。黨所理解的公正是經濟發展服

---

[48] 李興耕（2007）。〈第五屆國家杜馬選舉前的俄羅斯政黨基本態勢〉，《俄羅斯研究》2007 年，第 02 期。http://qkzz.net/magazine/1009-721X/2007/02/2051375.htm

從於人的福利。」普欽總統 2007 年 2 月 1 日在記者招待會上對「公
正俄羅斯」黨的成立表示祝賀，認為「統一俄羅斯」黨與「公正俄
羅斯」黨之間的差別在於：「統一俄羅斯」黨是自由主義的中右政
黨，而「公正俄羅斯」黨是社會主義、社會民主主義傾向的政黨。
2007 年 2 月 26 日，「公正俄羅斯」黨在聖彼德堡舉行代表大會，
通過了黨的行動綱領。普欽總統在致大會的賀信中認為：「公正俄
羅斯」黨參加國家政治生活「將有助於加強民主機制，發展俄羅斯
的多黨體制」。米羅諾夫在報告中強調，「公正俄羅斯」黨的建立實
際上打破了「兩個壟斷」，即政權黨「統一俄羅斯」黨的政治壟斷
和俄共對惟一代表勞動者利益的壟斷。他聲稱，「公正俄羅斯」黨
不是「統一俄羅斯」黨的小夥計，也不是這個黨的陪襯物。而是替
代自由保守主義的政黨。它代表和捍衛工人、學者、雇員、中小企
業主、教師、醫生、大學生農業勞動者和文化工作者，特別是退休
者、貧困家庭和殘疾人等弱勢群體的黨。值得注意的是，米羅諾夫
強調，「公正俄羅斯」黨以「新社會主義——21 世紀社會主義」為
指導。[49]

　　根據王定士（2008）教授的研究指出，俄羅斯 2007 年國會選
舉結果，只有四個政黨超過 7% 的門檻，得以進入國會獲得席次。
此次選舉的關鍵在於選舉的遊戲規則的設定。團結俄羅斯黨比
2003 年所獲得的 37% 得票率大為提高，確立在國會下院強勢的主
導權。[50]

---

[49] 李興耕（2007）。〈第五屆國家杜馬選舉前的俄羅斯政黨基本態勢〉，《俄羅
斯研究》，2007 年，第 02 期。http://qkzz.net/magazine/1009-721X/2007/02/
2051375.htm

[50] 王定士（2008）。〈俄羅斯 2007 國家杜馬與 2008 總統選舉之研析〉，《台灣
東北亞研究季刊》，台北市：秀威出版社，頁 9-13。

表五　2007 年俄羅斯國家杜馬選舉各政黨得票率與席次

政黨名稱	得票率	席次
團結俄羅斯黨	64.3	315
俄羅斯聯邦共產黨	11.5	57
俄羅斯自由民主黨	8.14	40
公正俄羅斯黨	7.74	38
俄羅斯農業黨	2.30	－
俄羅斯亞卜羅科民主聯盟（蘋果黨）	1.59	－
公民勢力黨	1.05	－
右翼勢力聯盟黨	0.96	－
俄羅斯愛國黨	0.89	－
社會正義黨	0.22	－
俄羅斯民主黨	0.13	－

肆、蘇後俄羅斯民主化轉折的驅動力

　　本文認為，蘇後俄羅斯民主化進程轉折的驅動力，在於俄羅斯追求強國與秩序的傳統政治文化。進一步解析，可以說，蘇後俄羅斯民主化進程轉折的驅動力，在於領導菁英對於聯邦政府可能進一步解體的疑慮、政府掌控國會以提升立法效率的策略、以及執政者確保永續執政的企圖心。本節將就這幾個層面加以分析。

一、中央集權在於防止聯邦進一步解體

　　如果說，葉里欽時代俄羅斯轉型的主要目標是政治上要從全能主義體制向自由民主體制轉換、經濟上要從計劃經濟體制向市場經濟體制遞嬗的話，普欽是要克服在葉利欽時代俄羅斯轉型進程中形

成的一系列「制度陷阱」。楊承（2007）認為，俄羅斯「第二次轉型」特點：第一，從「自由民主」到「非自由主義導向民主」的調整，普欽正在引導俄羅斯探索的一條獨特的、有本國特色的民主政治道路；從「新自由主義」到「私人－國家資本主義」的模式轉換。[51]

徐澤民、趙茹春（2007）認為，普欽任內制訂的有關提高管治能力、穩定政權的措施和政策，可歸納為四個方面：

第一，掃除財閥干政。從 2000 年 5 月份至 7 月中旬，普欽政權就調查或拘留 13 名涉及逃稅、貪污財閥。其中於 2000 年 6 月 13 日逮捕寡頭古辛斯基。與此同時，自 2000 年 7 月建立反對黨的別列佐夫斯基由於害怕被控非法侵吞公產和逃稅而出走英國。此後，又於 2003 年 7 月逮捕列別捷夫；同年 10 月 25 日逮捕霍多爾科夫斯基。

第二，鉗制地方政權。2000 年 5 月，普欽頒發總統令，把俄羅斯劃分為七大行政區，每個行政區將由總統派遣一名「全權代表」，負責協調中央與地方的關係。同年 7 月，俄羅斯議會通過兩項法案：一項使總統有權罷免違反聯邦法律的地方領導人（如州長）；另一項規定「地方領導人」不再自動成為議會上院成員，但卻有權委派一名代表充當上院議員。與此同時，上院議員的任期，也由兩年改成了四年。另一方面，普欽在第二任期內又推行地方首長遴選改革。2004 年底，俄國家杜馬通過一項法案，規定地方首長人選可由總統推舉，但須經議會任命。

第三，打擊貪污犯罪。普欽就任代總統伊始，就設立反貪署。從 2000 年 5 月份至 7 月中旬，就有 13 名財閥因涉及逃稅、貪污等

51　楊成（2007）。〈第二次轉型與俄羅斯的重新崛起〉，《俄羅斯研究》，2007 年，第 06 期。http://qkzz.net/magazine/1009-721X/2007/06/2531716_2.htm

罪名而曾被調查或拘留。普欽又在 2004 年 1 月設立「總統反貪委員會」。

第四，改組中央行政體系。其中最重要的一次改革在 2004 年 3 月。普欽把原來的 30 個內閣部委縮減到 17 個。另外，又把原來的 6 個副總理職位縮減到 1 個。[52]

2008 年 5 月 7 日，普京在梅德費杰夫的總統就職典禮上再次明確表示：現在對於俄羅斯而言，極其重要的是繼續奉行已經採取並且證明是正確的國家發展方針。梅德費杰夫在多次場合公開表明俄羅斯政策連續性和穩定的重要，重申他將堅定推行普京任內制定的治國策略。事實上，普京之所以支持梅德費杰夫，正是因為確信梅德費杰夫在任總統期間；不會改變他所確定的俄羅斯發展模式，而會繼續延續其制定的方針政策，俄羅斯還像現在這樣繼續積累力量並全面進行發展。應當說，「梅普組合」是梅普二人相互信任、共同志向的結合，也是普京為保障政權平穩過渡和強國事業的連續性所做的精心安排。「梅普組合」未來政策的最主要特徵是延續性和穩定性，它在主要戰略和方針政策方面將與普京時期保持高度的一致性，在此前提下根據發展戰略和形勢需要制定新方針、新政策。[53]

2000 年普欽出任俄羅斯總統時，中央政府沒有任何權威，既指揮不了聯邦主體的行政領導人，也不能控制國家的經濟命脈，國家面臨進一步分裂的危險。當時，俄聯邦主體的數量比蘇聯時期的加盟共和國多出數倍，甚至大大超過沙俄時期的省的數量。當時總

---

[52] 徐澤民、趙茹春（2007）。〈普京的治國理念及社會經濟發展策略〉，《俄羅斯研究》，2007 年，第 06 期。http://qkzz.net/magazine/1009-721X/2007/06/2531717_3.htm

[53] 邱芝（2009）。「俄羅斯政治發展的延續性分析學術探索」，《學術探索》，2009 年，第 01 期。http://qkzz.net/magazine/1006-723X/2009/01/3372870_2.htm。

共有 89 個聯邦主體，各聯邦主體之間在地域、人口、資源、社會經濟發展水準方面也存在著巨大的差異。首先，人口分佈極其不均衡。國家的歐洲部分和亞洲部分、北方和南方、中央地區和邊遠地區形成鮮明的對比。其次，經濟發展水準差異很大。1990 年，10 個最發達的聯邦主體占地區經濟總產值的 40%，而地區經濟產值最低的 20 個地區只占地區經濟總產值的 4%。在 89 個聯邦主體中，有 80 個聯邦靠撥款過日子，大多數地區處於蕭條狀態。最嚴重的是地方分離主義情緒和行動。[54]

蘇聯解體後的整個 90 年代，中央權力軟弱無力，地方政權紛紛「另立山頭」，在一輪又一輪的選舉浪潮中，各地紛紛通過自己的憲法和法律檔，把地方和集團利益置於中央和國家權力之上；憲法被粗暴地忽視，一些聯邦主體竟然宣佈為「主權國家」，許多聯邦主體的法律直接與聯邦憲法對立，聯邦主體之間的領土糾紛盤根錯節；而爆發的兩次車臣戰爭使國家的領土完整受到現實威脅；國內的傳媒被寡頭和幕後政治勢力把持，服務於少數寡頭和黑惡勢力；惡性通貨膨脹遍佈全國；1999 年初，拖欠工資和養老金的狀況已經達到令人髮指的地步，社會抗議運動此伏彼起；國家的國際地位降低，人民的民族自尊心受到嚴重挫傷。[55]

這種狀況給俄羅斯的政治、經濟和社會造成許多問題，嚴重制約著國家經濟的發展和社會的穩定。普欽總統上任後，為了防止國家進一步分裂和經濟進一步崩潰，著力加強中央對國家政治經濟和社會的控制能力。他於 2000 年 5 月 13 日發佈總統令，組建 7 聯邦

---

[54] 互動百科。http://www.hudong.com/wiki/%E4%BF%84%E7%BD%97%E6%96%AF%E4%B8%AD%E5%A4%AE%E9%9B%86%E6%9D%83。

[55] 互動百科。http://www.hudong.com/wiki/%E4%BF%84%E7%BD%97%E6%96%AF%E4%B8%AD%E5%A4%AE%E9%9B%86%E6%9D%83。

區，由總統任命聯邦區全權代表，分別主管或監督 89 個聯邦主體。與此同時，普京還整頓憲法秩序，要求在全國範圍內整頓立法，地方必須在規定時期內修改自己通過的法律，地方的任何法律和法律檔不得與中央立法尤其是憲法相抵觸。與此同時，嘗試在全國重新建立垂直的權力體系，加強中央的權威。2004 年「別斯蘭」人質事件後，普欽又決定取消地方行政長官的直選制，改由總統提名。實際上恢復了地方行政長官的任命制。這一系列措施阻止了分離主義情緒的蔓延和國家的繼續解體，實現了政治局勢的基本穩定，為經濟和社會發展奠定了必要的基礎。[56]

二、控制國會在於提昇立法效率

　　邱芝（2009）認為，占議會多數的「政權黨」是延續發展的政治保障。2007 年 12 月舉行的第五屆俄羅斯聯邦國家杜馬選舉，統一俄羅斯黨獲得杜馬 450 個議席中的 315 個議席，從而形成一黨主導的政黨政治格局。統一俄羅斯黨實質上就是「普京黨」，該黨的意識形態基礎是普京所宣導的「主權民主」，最高政治綱領是「普京計畫」並奉普京為「國家領袖」。因此，統一俄羅斯黨在議會選舉中的大獲全勝意味著普京路線得到民眾認可，俄羅斯發展道路的延續性得到確認，這對俄羅斯未來發展的影響是全局性和根本性的。統一俄羅斯黨前主席格雷茲洛夫認為，「選舉的結果也證實了一個結論：普京是俄羅斯民族的領袖，選民支持普京八年來執行的路線，這一路線還將繼續下去。」顯然，提高統一俄羅斯黨的威信並使其在俄羅斯國家杜馬選舉中大獲全勝，實際上是普京確保政權連續性的一個步驟，也是普京繼續在俄羅斯政壇保持影響力的一

56　互動百科。http://www.hudong.com/wiki/%E4%BF%84%E7%BD%97%E6%96%AF%E4%B8%AD%E5%A4%AE%E9%9B%86%E6%9D%83。

個杠杆。2008 年 5 月,普京出任統一俄羅斯黨的主席。雖然俄政體未變,但由於普京出任佔據國家杜馬 2/3 席位的統一俄羅斯黨主席,致使總統、總理和議會「三駕馬車」的關係也發生了重大變化。[57]

俄憲法規定,總統有權罷免總理,但必須獲得國家杜馬(議會下院)批准。如果國家杜馬 3 次否決總理提名人選,總統可以解散議會,舉行議會選舉。國家杜馬可以啟動彈劾總統的程式,但需要獲得三分之二多數通過,聯邦委員會(議會上院)和俄最高法院隨後將決定是否解除總統職務。普京出任統一俄羅斯黨主席後,事實上成為主導俄議會各派力量的首腦,保證了普京擔任政府總理的同時也能夠左右國家杜馬的局勢。同時,普京也獲得了修改憲法和啟動彈劾總統程式的主動權,實際上也為總統撤換總理增加了難度。這樣,統一俄羅斯黨主席一職將確保普京在總理職位有足夠的政治資源用來調控整個國家的政治發展。俄媒體普遍認為,普京雖然從總統變為總理,但他同時還出任議會多數派統一俄羅斯黨主席,集黨政大權於一身,其手中實權不遜於現任總統,這種政權結構無疑有利於保持普京方針的延續性。[58]

三、控制傳媒在於確保永續執政[59]

俄羅斯政權在俄羅斯人的屏氣凝神當中再度和平轉移了!2008 年 3 月 2 日,俄新網莫斯科 3 月 3 日電,俄羅斯政治基金主

---

[57] 邱芝(2009)。〈俄羅斯政治發展的延續性分析〉,《學術探索》,2009 年,第 01 期。http://qkzz.net/magazine/1006-723X/2009/01/3372870_3.htm。

[58] 邱芝(2009)。〈俄羅斯政治發展的延續性分析〉,《學術探索》,2009 年,第 01 期。http://qkzz.net/magazine/1006-723X/2009/01/3372870_3.htm。

[59] 胡逢瑛(2009)。《俄羅斯傳媒新戰略——從普京到梅普共治的時代》,台北:秀威出版社,頁 86-90。

席、俄羅斯聯邦社會院成員韋切斯拉夫‧尼科諾夫向俄新社記者表示：弗拉基米爾‧普欽的支持對梅德韋傑夫贏得總統大選起了決定性作用。在總統大選結果出爐後揭曉，候選人德米特裏‧梅德韋傑夫在第一輪選舉中以 70 黨 23%得票率獲勝。而俄羅斯媒體卻是對普欽順利將政權交到自己接班人的手中起到了關鍵作用。而普欽對媒體的改革和控管卻又是在恐怖主義猖獗的環境下進行的。自蘇聯解體之後，對於俄羅斯強國道路的實現而言，車臣民族分離主義和與其相關的恐怖事件，是攸關俄羅斯政權是否能夠和平轉移以及俄羅斯是否會面臨像蘇聯一樣崩解命運的致命威脅！對此，從西方推動的北約東擴和對車臣叛軍的接觸看來，足以證明西方國家對俄羅斯存在的弱點是有深刻瞭解認識的。普欽以反恐法的法律形式將媒體對於任何恐怖行為的報導內容固定下來，使得政府對媒體的控管從管理箝制首度變成了內容的箝制。當然這一點不會在和平時期發生太多的作用。

如果說反恐是為了塑造穩定安全的空間環境，那麼，梅德韋傑夫接掌總統大位之後的重點就是經濟改革。在俄羅斯意識形態的空窗時期或是意識形態發展醞釀階段，普欽對人民承諾提高生活水準和改善經濟條件就是重點，普欽樸實不帶花俏的承諾和作為，使得俄羅斯公民多數願意相信他，這使得選舉過程中沒有什麼激情產生，俄羅斯公民以投票支持普欽推薦的接班人來認同普欽的決策。俄羅斯媒體認為這是普欽和梅德韋傑夫共治時代的來臨。俄羅斯《總結》雜誌在 2008 年第 10 期，刊登了對俄羅斯工業家與企業家聯合會主席亞歷山大‧紹欣的訪問，採訪者帕夫洛夫斯基說，普欽和梅德韋傑夫「雙核體制」內要推動落實司法改革、稅務改革、退休金保障改革。3 月 5 日的「消息報」則側重分析對梅德韋傑夫的施政綱領，該報撰文說，梅德韋傑夫把自己執政的主要工作方向確

定為四個「I」：體制（Institute）、創新（Innovasion）、投資（Investment）和基礎建設（Infrastructure）。而與媒體有關的是另兩個「I」：意識形態（Ideology）——梅德韋傑夫在施政綱領中提出的理想主義建築在自由、公正和人類的尊嚴之上，而實用主義原則是與之相悖的，而叢林法則、所有人同所有人的戰爭——這就是當今國際法的最高境界；形象（Image）也是軟實力的一個組成部分，媒體要為國家形象擔負起重塑的工作。

在俄羅斯這個世界面積最大、卻是恐怖災難頻傳的國家，這是在西方先進發達國家當中相當罕見的！俄羅斯的現況和西方已經站在不一樣的水準上而利益相侵、漸行漸遠了！相較於西方媒體在俄羅斯大選之前舖天蓋地揣測普欽是否可能修改憲法自行延任的喧騰報導，俄羅斯媒體卻沒有對普欽在選舉中可能有的延任動作進行任何的揣測評論。因此，梅德韋傑夫在幾乎毫無玄念的情況之下，第一輪就以大幅超過半數以上的得票率當選為俄羅斯第三任總統。顯然，俄羅斯選舉的冷基調，與媒體保持一定的自律和緘默是有直接關係的。普欽的媒體改革與控管對俄羅斯政權成功轉移到自己選中的接班人手中，證明產生了明顯的成果！從葉里欽總統為普欽成功打造總統之路（當時第二次車臣戰爭爆發，葉里欽宣佈提前退位承擔起某種政治上的責任，普欽繼任為代理總統，相當被看好的前總理普利馬科夫與莫斯科市長盧日科夫這組超級人馬宣佈退出總統選舉，支持普欽打車臣戰爭），再到普欽總統為梅德韋傑夫選上總統舖平道路，從這兩場跨時空的總統大選看來，甚至當中包括一次普欽自己的成功連任，要求媒體自律產生了決定性的影響。

俄文的「тройка」，原意是俄羅斯東正教信仰宗教上的三位一體，代表的是聖父、聖母、聖子，進而演生出三頭馬車的意思。俄

羅斯媒體控管的三頭馬車是總統（政府）、媒體、國家安全委員會
（КГБ，發成英語就是 KGB）。首先，總統及政府部門是對媒體的
體制進行控管，包括管理媒體的資源分配和媒體的發展方向，為此
成立有專門的部門和委員會來管理媒體，俄羅斯的出版部門負責管
理印刷媒體；文化部則管理電視媒體與意識形態相關的文化產業；
而全俄羅斯國家廣播電視公司負責管理全國的廣播電視台。其次，
媒體從所有權來分可分為國有和私有媒體，國有媒體代表的是國家
資產和國營企業運營的一部分，成為政府政策的傳達者或是喉舌，
商業媒體是代表多元文化的一部分，是對新聞自由的有益補充，例
如俄羅斯的報紙市場仍有比較好的成長，商營性大報和黃色報紙都
有自己讀者和銷路，廣告市場也在成長當中。再者，國家安全委員
會扮演監控全國的情資掌控和避免洩漏國家機密給媒體炒作的職
責，而普欽曾是 KGB 情報人員，從情治單位的咽喉上就勒住 KGB，
成功地避免了洩漏機密給媒體去炒作醜聞而造成可能帶來的政治
政黨之間的惡鬥。

　　普欽執政之後很巧妙地控制了三頭碼車的進行，在葉里欽總統
時期，電視以醜聞來提升收視率的情況已經不出現了，醜化重要政
治人物的節目也無法取得生存的空間。若媒體國家化是政府體制改
革的重要核心要素，那麼對突發事件、極端主義、車臣戰爭、和恐
怖活動報導的條文限制就是針對新聞內容的鉗制而制定的法律環
境。兩次人質事件加速了從媒體體制控管時代進入危機新聞控管的
時代，俄羅斯右派黨魁、自由經濟學家蘋果黨主席雅夫林斯基聲
稱，在別斯蘭人質事件之後，人質事件給普欽提供了擴大車臣戰爭
和箝制新聞自由的合理性。2002 年，媒體在劇院人質事件之後宣
佈新聞自律，普欽不滿媒體的報導而制定媒體修正案，內容是規定
任何可能制助長恐怖行為的報導都要禁止，在媒體高層和普欽正式

公開會談之後，普欽否決了杜馬快速三讀通過的媒體修正案，媒體的妥協代價就是制定新聞自律條款並且嚴格遵守公約；2004 年別斯蘭人質事件之後，媒體落實自律公約，俄記協聲稱：「公民人權當中的生命安全優先於新聞自由」，這個思路脈落就是：新聞不能影響到政府救援，新聞對危機事件報導中關於恐怖行為者或是受難者家屬的採訪都因為會妨礙到政府救援而不被允許，這一條款最終落在反恐法當中訴諸於法律條文，至此，俄羅斯媒體關於監督政府濫權的所謂「第四權」制衡機制正式宣告終結。

伍、結語

本文從俄羅斯中央與地方關係的變遷、政黨政治的運作、以及媒體所扮演的角色，論述蘇聯解體後，俄羅斯民主改革進程的轉折及其驅動力。

本文認為，蘇後俄羅斯民主化進程轉折的驅動力，在於俄羅斯追求強國與秩序的傳統政治文化。進一步解析，可以說，蘇後俄羅斯民主化進程轉折的驅動力，在於社會菁英對於聯邦政府可能進一步解體的疑慮、政府掌控國會以提升立法效率的策略、以及執政者掌控傳媒以確保永續執政的企圖心。

本文認為，蘇聯解體後，葉里欽結合金融寡頭的支持，全面開放媒體的言論自由，運用媒體主導輿論，打擊政治對手，贏得了1996 年的總統選舉。2000 年之後，金融寡頭仍然掌控媒體，繼續支持葉里欽。因此，普欽反其道而行之，利用俄羅斯民眾傳統上追求強國與秩序的強烈願望，打擊地方分裂主義傾向，以強化中央集權；改革政黨政治相關制度以控制國會，從而提升立法效率；打擊金融寡頭以收編媒體，從而掌控輿論以確保永續執政。此時，第一，

37

專業媒體人也掌握媒體的部份股權，使得媒體人的基本收入得到保障；第二，政府必須對媒體的經營進行補助；第三，專業媒體人與政府在重大事件與危機中建立溝通管道與報導合作模式，因此，俄羅斯媒體人目前關心的問題並不在於自由的問題，而在於社會正面作用和國際影響力的問題。俄羅斯的媒體人在收入保障和確立媒體在國家發展中的戰略目標之後，此時媒體人的地位反而在成為國家安全戰略夥伴中獲得提升。第四，普欽以反恐法的法律形式將媒體對於任何恐怖行為的報導內容固定下來，使得政府對媒體的控管從管理箝制首度變成了內容的箝制，當然這一點不會在和平時期發生太多的作用。

　　普欽這些改革與作為，都是環繞在俄羅斯民眾望治心切、追求強國與秩序的訴求；而其效應，則無可避免造成俄羅斯民主化進程的轉折。

參考文獻

中文書籍

王麗萍（2000）。《聯邦制與世界秩序》，北京：北京大學出版社。

李金銓（2005）。《大眾傳播理論》，台北：三民出版社。

林東泰（1997）。《大眾傳播理論》，台北：師大書苑。

唐朱昌（2001）。《俄羅斯經濟轉軌透視》，上海：上海社會科學出版社。

劉向文、宋雅芳（1999）。《俄羅斯聯邦憲政制度》，北京：法律出版社。

胡逢瑛、吳非（2005）。《透視蘇俄傳媒轉型變局》，台北：秀威出版社。

胡逢瑛、吳非（2006）。《蘇俄新聞傳播史論》，台北：秀威出版社。

胡逢瑛（2009）。《俄羅斯傳媒新戰略——從普欽到梅普共治的時代》，台北：秀威出版社。（亦可參酌胡逢瑛於《二十一世紀》2006 年 6 月刊的「俄羅斯電視媒體與中央政府：廣電體制改革與危機新聞處理模式。」）

潘德禮、許志新（2003）。《俄羅斯十年：政治、經濟、外交》，北京：世界知識出版社。http://euroasia.cass.cn/Chinese/Production/Russia10/40005.HTM。

【俄】普京文集[C]（2002）。北京：中國社會科學出版社。

【俄】麥德維傑夫（2004）。《普京——克林姆林宮四年時光》，北京：社會科學文獻出版社。

中文期刊

王定士（2008）。〈俄羅斯 2007 國家杜馬與 2008 總統選舉之研析〉，《台灣東北亞研究季刊》，台北：秀威出版社，頁 9-13。

牛燕平（2009）。〈金融危機影響下的俄羅斯經濟形勢〉，《西伯利亞研究》2009 年第 01 期。http://qkzz.net/magazine/1008-0961/2009/01/3276239_2.htm。

吳玉山（2009）。〈解釋俄羅斯的民主倒退〉，《台灣民主季刊》第六卷，第一期（2009 年 3 月），頁 199-205。

李士峰（2009）。《理論月刊》，2009 年第 03 期。http://qkzz.net/magazine/1004-0544/2009/03/3369469_2.htm。

李興耕（2007）。〈第五屆國家杜馬選舉前的俄羅斯政黨基本態勢〉，《俄羅斯研究》，2007 年第 02 期。http://qkzz.net/magazine/1009-721X/2007/02/2051375.htm。

李淑霞、孫顯松（2007）。〈俄羅斯地方政府財政制度研究〉，《學習與探索》，2007 年第 4 期，頁 171-173。

周育仁、詹富堯、傅澤民（2008）。〈從政治課責觀點探討雙首長制下之政府負責機制：以法國與俄羅斯為例〉。http://www.npf.org.tw/post/2/5123 ； http://euroasia.cass.cn/2006russia/Politics_ru/corpus/corpus/20040904.htm。

武蘭芳（2002）。〈俄羅斯中央與地方關係的嬗變〉，論文網 http://www.lw23.com/lunwen_36067602/。

許湘濤（2004）。〈俄羅斯第四屆國家杜馬新政黨生態的政治效應〉。俄羅斯民主化研討會——從台灣看俄國 2003 年國會大選。

唐朱昌（2006）。〈從危機到治理：俄羅斯中央和地方關係制度變遷評析〉，《學習與探索》，2006 年第 3 期，頁 179-181。

普京。《就北奧塞梯人質事件發表的講話》[DB/OL]。

董曉陽（2003）。〈俄羅斯憲法制度的演變與時代特徵〉，《俄羅斯中亞東歐研究》，2003 年第 1 期，頁 22-23。

趙竹成（2005）。〈俄羅斯聯邦的選舉制度〉，《國政研究報告》。http://old.npf.org.tw/PUBLICATION/CL/094/CL-R-094-020.htm。

鄭言、梁磊（2006）。中央與地方關係：中國、俄羅斯之比較研究，新視野，2006 年第 3 期。

蔡秋如。〈俄羅斯政黨政治的發展與特質——國家杜馬選舉之分析〉。edoc.ypu.edu.tw:8080/.../俄羅斯政黨政治的發展與特質——國家杜馬選舉之分析.pdf。

竇博（2004.08）。〈俄羅斯政黨政治的演變及其特點〉，《當代世界》第八期。http://cpc.people.com.cn/BIG5/64107/66150/66151/4468990.html。

劉軍梅（2008）。〈全球金融危機對俄羅斯的影響：傳導機制、應對措施及中俄金融合作的空間〉，《俄羅斯研究》，2008 年第 06 期。http://qkzz.net/magazine/1009-721X/2008/06/3464017.htm。

楊成（2007）。〈第二次轉型與俄羅斯的重新崛起〉,《俄羅斯研究》,2007
　　年第 06 期。http://qkzz.net/magazine/1009-721X/2007/06/2531716_2.htm。

楊成（2007）。〈普京時代俄羅斯民主模式的內在邏輯及發展前景〉,《俄羅
　　斯研究》, 2007 年第 04 期。http://qkzz.net/magazine/1009-721X/2007/
　　04/2272926.htm。

徐澤民、趙茹春（2007）。〈普京的治國理念及社會經濟發展策略〉,《俄羅
　　斯研究》,2007 年第 06 期。http://qkzz.net/magazine/1009-721X/2007/06/
　　2531717_3.htm。

邱芝（2009）。〈俄羅斯政治發展的延續性分析〉,《學術探索》,2009 年第
　　01 期。http://qkzz.net/magazine/1006-723X/2009/01/3372870_2.htm。

馮紹雷（2009）。〈俄格衝突到國際金融危機的「危機政治經濟學」──俄
　　羅斯與大國關係的變遷及其對中國的啟示〉從,《俄羅斯研究》,2009
　　年第 3 期。

俄文資料

Байерли Д. (2008). Мы до последнего убеждали Грузию не делать этого//
　　Коммерсантъ. №149 (3966), 22.08.2008.

БогачеваО. В. (1999). Бюджетныевзаимоотношенияфедерального центра
　　и субъектов РФ. Регион:экономикаисоциология.

Богачева О (1995) Становление российской модели бюджетногофедерализма
　　//Вопросыэкономики. 1995, (8).

ДАНИЛЬЯН В. Д, КЛЮЧЕВОЙ ФАКТОР РАЗВИТИЯ ЭКОНОМИКИ,
　　Стратегия России, 2007 Март, №3.

Заявление рабочей группы по политической стабильности Совета по
　　внешней и оборонной политике, 2007. В состав рабочей группы
　　входят: Батанов А.С., Бендукидзе К.А., Глазьев С.Ю., Караганов
　　С.А., Кобаладзе Ю.Г., Кузьминов Я.И., Лошак В.Г., Мндоянц С.А.,
　　Нещадин А.А., Никонов В.А., Подберезкин А.И., Попов Н.П.,
　　Пушков А.К., Сатаров Г.А., Салмин А.М., Третьяков В.Т., Федоров
　　А.В., Шакиров Р.С., Шахрай С.М., и др. http://www.nasledie.ru/politvnt/
　　19_1/article.php?art=12

Игудин А. Г., ПоповаН.А (1999). Некоторые проблемы
межбюджетныхотношенийв Германиии России ,Финансы. 1999 (4).

Стратегия для России，Россия после выборов: внутриполитические императивы-2 апреля 2000 г.（СВОП СОВЕТ ПО ВНЕШНЕЙ И ОБОРОННОЙ ПОЛИТИКЕ）

《Конституция Российской Федерации》. http://www.constitution.ru/10003000/note.htm.

Христенко В. (1997). Территориальные бюджеты и межбюджетные отношения / /Финансы. - 1997 (7)

Суслов Д.В. (основной автор) и С.Р. Исмагилов (2004). Дмитрий Вячеславович Суслов (заместитель директора по исследованиям Совета по внешней и оборонной политике (СВОП)), 《РОССИЯ В XXI ВЕКЕ: стратегия развития》, МК «Новое поколение» является дочерней организацией Совета по внешней и оборонной политике, молодежным отделением СВОП.

英文資料

Butenko A.P. (1997). Ot kommunisticheskogo totalitarizma k formirovaniyu otkryitogo obtchestva v Rossii. (From communist totalitarianism to open society consolidation in Russia) - M.: 'Magistr', 1997. - P. 38

DeborahWetzel (2001). Decentralization In The Transition Economies: Challenges And The Road Ahead [R].World Bank.

Harbermas J. (1989). The Structural Transformation of the Public Sphere, Cambridge, Polity Press.

Sparks C. and Reading A. (1998). Communication, Capitalism and the Mass Media, London: Sage, pp.21-28.

Yuri Fedorov (2000). Democratization and Globalization: The Case of Russia. Carnegie Endowment Working Papers.

Zevelev A. & Shelokhaev V. (1999). Intellegencii nado izbavit'sya ot istoricheskogo neterpeniya. (Intelligentsia needs to get rid from historical impatience) 'Izvestiya', - 16.01.99.- P.5

網路媒體資料

BBC News 中文新聞網。http://news.bbc.co.uk/hi/chinese/news/newsid_688000/6883772.stm

俄新網。http://big5.rusnews.cn/db_eguoguoqing/db_eluosi_zhengzhi/

互動百科。http://www.hudong.com/wiki/%E4%BF%84%E7%BD%97%E6%96%AF%E4%B8%AD%E5%A4%AE%E9%9B%86%E6%9D%83。

胡逢瑛、吳非（2008）。俄新聞應回歸政策討論。http://www.takungpao.com/news/08/06/03/LTB-914221.htm

俄格戰爭對俄羅斯
外交、政治與媒體的影響[1]

　　蘇聯解體後，俄羅斯面臨巨大的國家安全危機，政治、經濟、社會、司法全面出現前所未有的困境，民族問題更是將俄羅斯進一步推向崩解的憂患。90 年代，俄羅斯面對自身國力的轉弱以及西方國家在軍事上的擴張，俄羅斯外交與媒體就在這種內外交困的環境中變化發展，葉利欽在位時俄羅斯的外交與媒體沒有發揮太多捍衛國家利益的功能，國家缺乏明確的戰略目標，但葉利欽有的是對民主轉型期的包容和堅持。當葉利欽把政權轉交給普京時，交代普京要珍惜俄羅斯！普京執政後充分發揮地緣政治結合能源戰略的優勢。亞洲或是亞太地區在世界政治上扮演越來越重要的角色，尤其是能源的需求使亞洲變得越來越重要，俄羅斯在這方面與中國合作大有作為。亞洲許多國家已經把能源問題視為國家安全的根本問題，並且很大程度地影響了亞洲國家的外交政策與外交。俄國主流學者認為，亞洲能源市場已經成了世界經濟的重點，而能源的探勘與開發以及為此引發的能源爭奪戰，儼然已經構成地緣政治上的嚴重衝突。

關鍵詞：俄格戰爭、地緣政治、能源戰略、外交、媒體

---

[1]　本文於 2009 年 11 月在政治大學俄羅斯研究所舉辦的蘇後二十年學術研討會上發表，略有修改。

壹、俄格戰爭轉折俄羅斯外交方向

蘇後俄羅斯外交的普遍特點就是「防禦多於攻擊」、「被動多於主動」、「口頭多於行動」，外交守勢的特點反應俄羅斯總體在國際社會上的困境和無力感，不論是北約東擴、伊拉克戰爭、科索沃戰爭、在阿富汗戰爭、獨聯體國家的顏色革命或是美國在東歐國家設置反導系統的作法，俄羅斯感覺到國家安全遭受到空前的威脅，北約的軍事行動是在顯示以美國為首的西方國家試圖建立一種繞國聯合國安理會的決策機制與遊戲規則，不斷進行壓縮俄羅斯的戰略空間，其中包括製造俄羅斯車臣民族問題的國際化，最後有可能以軍事行動介入俄羅斯的內政，這種國土安全的空前危機與國際利益的受損，也反應在俄羅斯重要的學者的觀點與俄羅斯高層當中。

蘇後外交最大的轉折點莫過於梅普共治下所發動的格魯吉亞軍事打擊，俄革軍事衝突象徵俄羅斯正式向西方國家與北約組織展現了梅普體制的強硬實力外交。不過俄羅斯政府對於俄羅斯在輿論戰中的弱點認識是很清楚的，俄羅斯外交部長拉夫羅夫認為俄羅斯的媒體與官方的資訊顯然沒有在俄格軍事衝突中發揮作用。由此仍可窺知，俄羅斯媒體在國際媒體的新聞輿論戰爭中與其外交展示的決心相較下顯然仍相形失色的。本文將從俄羅斯外交轉折、文化在外交中的地位以及俄格軍事衝突對俄外交的影響，淺論俄羅斯外交在梅普共治時代中以及仍在普京強人領導下的基本景象。

一、蘇後俄羅斯外交特點與轉折

莫斯科國立國際關係學院─大學的政治學院院長弗斯克瑞森斯基（華可勝，2006）[2]教授從能源問題來看俄羅斯外交的特點。他認為，俄羅斯在亞太地區與中國關係在能源策略上具有合作前景的重要性。他認為，亞洲或是亞太地區在世界政治上扮演越來越重要的角色，尤其是能源的需求使亞洲變得越來越重要，俄羅斯在這方面與中國合作大有作為。亞洲許多國家已經把能源問題視為國家安全的根本問題，並且很大程度地影響了亞洲國家的外交政策與外交。他認為，亞洲能源市場已經成了世界經濟的重點，而能源的探勘與開發以及為此引發的能源爭奪戰，儼然已經構成地緣政治上的嚴重衝突。

從弗斯克瑞森斯基（華可勝，2006）談的大亞洲能源戰略來看俄格的軍事衝突，不難理解格魯吉亞的問題對於俄羅斯國家安全戰略上的衝擊程度。人民網[3]一篇分析文章表示，2002 年，阿塞拜疆、格魯吉亞和土耳其三國在阿塞拜疆首都巴庫以南 40 公里的石油城桑加恰雷舉行儀式，為巴庫－第比利斯－杰伊漢石油管道工程開工奠基。修建里海－地中海石油管道的想法，是在冷戰後里海油氣資源重要性日益凸顯、以及美國同俄羅斯爭奪地區控制權的大背景下應運而生的。美國的一些戰略分析家和學者認為，隨著中東石油資源的日益減少，里海必將成為第二個海灣，美國必須控制里海的油氣資源，才能控制歐亞大陸，保持惟一超級大國地位。從 1998 年起，美國的戰略伙伴土耳其開始同阿塞拜疆和格魯吉亞商談巴庫到

---

[2] Воскресенский А.Д."Большая Восточная Азия": Мировая политика и энергетическая безопасность, М: 2006.

[3] 曉歆，一條最具政治性的石油管道，《人民日報‧華南新聞》（2002 年 09 月 25 日第二版）。http://www.people.com.cn/BIG5/paper49/7332/706085.html

杰伊漢的石油管道問題。1999 年 11 月，土耳其、阿塞拜疆和格魯吉亞三國總統正式簽署了巴庫－杰伊漢管道工程協議，時任美國總統克林頓出席了簽字儀式。克林頓任命自己的能源顧問沃爾夫為負責黑海盆地、能源和能源開發的國務秘書，協調三國在油管工程中的合作。由英國石油公司牽頭，實施管道工程計畫。英國《金融時報》評論說，這條管道是迄今修建的「最具有政治意義的石油管道」。美國能源部長亞伯拉罕在奠基儀式上宣讀了布什總統的賀信。他說，這一工程打開了美國向這一重要地區投資的大門，是對國際能源安全的貢獻。

由於格魯吉亞和俄羅斯爆發軍事衝突，英國石油公司（BP）2008 年 8 月 12 日關閉了兩條途經格魯吉亞的原油和天然氣管道。BP 稱，這兩條管道並沒有因軍事衝突而遭受破壞，關閉管道是出於安全考慮。國際能源機構此前警告說，格俄軍事衝突將威脅到途經格魯吉亞境內的油氣管道，而格魯吉亞在能源市場上具有重要的戰略意義，一旦管道遭破壞，原油輸送將受到嚴重影響。這條具有戰略意義的巴庫－第比利斯－傑伊漢管道（又稱里海石油管道），這條管道從阿塞拜疆的巴庫經格魯吉亞的第比利斯，最終到達土耳其的傑伊漢，全長 1760 公里，輸油能力每天超過 100 萬桶。[4]

二、美俄走向合作取代對抗戰略

俄格戰爭後，美國從中亞的地緣政治戰略轉向阿富汗，歐巴馬上台之後提出了阿富巴戰略（AFPAK）。阿富汗位於歐亞的交通要道，戰略價值十分重要，提供了美國強化東南亞和南亞戰略的地緣政治基礎，不但能夠繼續聯合亞洲各國對俄羅斯與中國進行軟圍

---

[4] http://www.enorth.com.cn，2008-08-13 23:42。

堵，同時落實美國打擊位於巴基斯坦和阿富汗之間的凱達組織和塔里班組織，並且對伊朗發展核武進行監控和制裁，可謂是一舉數得。在國際問題上美國歐巴馬政府改變過去布希政府的對立衝突作法，與俄羅斯進行戰略性的合作。

莫斯科國際關係學院東亞暨上合組織研究中心主任盧金（2008）[5]教授對於俄羅斯外交則側重中國在平衡俄羅斯與西方關係中的角色，盧金認為，俄羅斯軍事支持南奧塞梯的舉動幾乎破壞了俄羅斯與西方國家在 90 年代所形成的關係模式，並且建立了新的局勢。俄格軍事衝突表示俄羅斯拒絕西方的遊戲規則，俄羅斯對於捍衛自己國家利益的作法會是具體的行動而非嘴巴說說而已。盧金認為，相對於蘇聯與西方的外交關係是建立在意識形態的對立上，以摧毀西方帝國主義世界為目標；蘇後的俄羅斯把西方當作是文明世界和世界政治的中心，俄羅斯要參與其中，並且能夠與西方國家密切交往與相互影響。而俄羅斯外交上僅管強調多極政策，但是在俄羅斯與西方外交政策的主軸下，俄羅斯對中國、伊朗和中東國家的外交關係扮演的是平衡與施壓西方國家的槓桿角色。

盧金（2008）[6]認為，俄羅斯不似蘇聯有占領世界的企圖心和宣傳意識形態的明確目的。俄羅斯的外交政策特點總體要為國內經濟發展和社會政治穩定塑造良好的外部環境。外交政策首先要符合國家利益，其次要找出俄羅斯要如何被國際社會需要和認同的特點。可能的外交方向在於：

---

[5] Лукин А.В. Внешняя политика: от постсоветской к российской. Уроки конфликта с Грузией，"Россия в глобальной политике". № 6, Ноябрь - Декабрь 2008.

[6] Лукин А.В. Внешняя политика: от постсоветской к российской. Уроки конфликта с Грузией, "Россия в глобальной политике". № 6, Ноябрь - Декабрь 2008.

第一，扮演對抗大規模殺傷性武器與核擴散的領導角色；

第二，打即國際恐怖主義和地區分離主義；

第三，加強與周邊國家的友好關係，並且建立有效的合作機制；

第四，發展與西方國家的共同利益；

第五，與世界主要權力中心的國家建立合作關係，例如建立莫斯科—北京—華盛頓三邊互動合作機制，並在金磚四國和八國峰會框架下發展更為緊密的經貿關係；

第六，解決格魯吉亞問題，避免國際勢利干涉。

第七，加強資訊活動的能量，俄羅斯在格魯吉亞入侵南奧塞梯後的行動，俄羅斯沒有在第一衝突的時間內很好地向國際媒體與國際社會解釋自己的行動，在資訊缺乏下，國際媒體採取慣用的意識形態對立的手法，導致報導完全一面倒向斥責俄羅斯，國際輿論的壓力過大也給俄羅斯增加負面的形象。

三、俄羅斯文化宣傳與和平形象重建

> 我們保存了你，俄羅斯語言，偉大的俄羅斯字。
> 自由地和純潔地把你帶給我們子孫，
> 並且永遠把你從俘虜中拯救出來！
>
> ——安娜·阿荷瑪托娃

俄國教授阿斯塔霍夫（2008）[7]則從文化價值與道德淪喪來看待世界衝突的根源。他認為，在國際關係中講求絕對國家利益至上的年代，國與國之間充斥著經濟手段、軍事武力和自私主義，解決國家間衝突必須靠聞名國家之間的對話溝通與文化作為外交是很

---

[7] Астахов Е.М. Мировая практика культурной дипломатии (Диалог культур и партнерство цивилизаций. VIII Международные Лихачевские научные чтения. 22-23 мая 2008 г. - СПб.: Изд-во СПБГУП, 2008.)

重要的溝通路徑。外交不是以武力強勢推銷自己的意識形態或是宗教信條。每個國家對於文化的任務應該需要騰出一些外交管道作為國家重要的工作。

為了使國際輿論有利於俄羅斯方面，俄羅斯和平基金會[8]是落實俄羅斯外交政策很重要的組織。俄羅斯和平基金會成立於 2007年 6 月 21 日，是俄羅斯現任總理普京，在擔任總統時的最後一年親自下達總統令成立的。普京和現任總統梅德韋杰夫所組成的共治政體被外界稱為雙核體制，梅德韋杰夫過去曾是天然氣石油公司總裁、普京政府掌管經濟事務的第一副總理，兩人在 2008 年建立的雙核組合，目的主要是讓俄羅斯過去執政八年的經濟成長和國家政策方向能夠延續下來，使俄羅斯國家整體還能享受過去俄羅斯經濟成長所帶來的成果。

為什麼俄羅斯和平基金會要在總統層級下設立？筆者認為，俄羅斯還是很有戰略眼光和前瞻性的！因為俄羅斯在經濟成長之後，普京希望能夠在他所倡議的國際多極體系目標下拓展俄羅斯的國際空間。然而在軍事、政治和經濟方面，俄羅斯並沒有比美國為首的西方國家更有利可圖，但是俄羅斯的文化、藝術、音樂、文學確是全世界有影響力的。俄羅斯高層認為，從文化方面交流著手外交，俄羅斯絕對有優勢的。

俄羅斯和平基金會就從推廣俄羅斯語言方面下手，該組織認為，俄語是俄羅斯文化中最重要的組成要素，因此在全世界推廣學習俄語成為俄羅斯和平基金會的首要任務。例如，今年我們看到在中國大陸方面，三月份開始了中國的俄語年，這就是繼中俄兩國官方互相進行了俄羅斯年和中國年之後，由俄羅斯和平基金會著手在

8　О Фонде. http://www.russkiymir.ru/russkiymir/ru/fund/about

中國推動的俄語年活動。俄羅斯和平基金會的宗旨很清楚，除了首要在全世界推廣學習俄語之外，還有它的國家戰略目的的，就是要改善俄羅斯國際地位的困境和俄羅斯在國際間的國家民族形象，以及建立與俄羅斯友好的關係，培養與俄羅斯友好的組織和人才，幫助海外俄羅斯僑民的生活或協助其返國。

貳、俄格戰爭對俄外交方向的影響

蹙剛科夫[9]認為（2009），薩卡什維利上台之後結束了蘇後格魯吉亞在謝瓦爾納茲時代與俄羅斯的友好合作關係。格入侵南奧塞梯使兩國關係陷入冰點，俄羅斯撤回大使，俄格軍事衝突埋下後冷戰時期軍事對立和戰爭升級的導火線，未來仍有再度爆發戰火的可能性。從現實主義和建構主義結合的研究框架來看，現實主義強調俄革關係是權力和安全的考量重點，俄羅斯並不想喪失在北高加索的影響力；但格魯吉亞想的是主權國家的獨立性和自主性；西方國家希望繼續擴張的它的民主陣營。現實主義在國際體系中過於抽象表示國家行為的社會性和情緒性，忽略分析具體的脈絡關係，有錯解衝突意涵的危險性，忽略國際關係背後衝突的威脅形成的來源和政治變量的意義和情緒，導致難以解釋和預測各別國家政府的行為。不難發現格魯吉亞試圖挑戰俄羅斯在高加索地區霸權和帝國主義來彰顯自己的重要性。單純強調俄羅斯的國家安全受到相對弱小的格魯吉亞威脅也難以完全理解這裡的問題。因此俄革問題必須擺在俄羅斯、格魯吉亞和西方國家三方角力的框架下來檢視。若說高加

---

[9] ANDREI P. TSYGANKOV AND MATTHEW TARVER-WAHLQUIST, Duelling Honors: Power, Identity and the Russia-Georgia Divide, Foreign Policy Analysis, Volume 5, Issue 4, Pages 307-326.

索地區呈現出無政府狀態的特徵，那麼權力和安全利益必須在具體的互動關係和事件的脈絡下來分析，才能探究出這裡的衝突要素，以作為解釋和準確預測的基礎。

一、外交化危機為轉機

2000 年前夕，普京臨危受命發動了第二次車臣戰爭；2008 年 8 月，梅德韋杰夫當選為俄羅斯總統不到半年的時間，便以迅雷不及掩耳的速度對格魯吉亞進行了三天集中強烈的軍事打擊，以回擊格魯吉亞對南奧塞梯的軍事入侵，這項軍事衝突同樣震驚世界。西方媒體仍慣以進行敵對撻伐的輿論宣傳方式，塑造俄羅斯具有軍國主義的邪惡形象。從俄羅斯外長拉夫羅夫的談話中，可以看出俄羅斯外交因應的戰略思想脈絡。在俄羅斯因應全球化問題時所擬定執行的外交政策中，其中一項就會考慮到對外宣傳的輿論作用，如何有效、準確地反應俄羅斯外交行為則影響著俄羅斯外交活動的結果。從普京到梅普共治的時代，兩位俄羅斯總統均以戰爭行動鞏固了自己在國家領導位置上的強人地位，樹立了強人的形象。俄羅斯的媒體發揮了關鍵的作用。

「化危機為轉機」這句話可以在俄羅斯的外交戰略中看見。2008 年，在梅德韋杰夫當選俄總統的第一年，俄羅斯外交戰略有了新的施力點。高加索的危機反應在俄格的軍事衝突中。俄羅斯備受西方媒體輿論撻伐的壓力，西方國家也以撤資向俄羅斯抗議施壓。此間，從美國向全世界燃燒的金融危機，以出口石油、天然氣為貿易導向的俄羅斯經濟也受重創。2009 年 4 月的倫敦二十國峰會讓俄羅斯找到了建立多極國際體系的著力點。俄羅斯的外交思路是希望藉由全球性的金融危機，與西方國家乃至於美國之間化解軍事對立。

　　俄格軍事衝突後，對於西方輿論撻伐俄國有軍國主義的傾向論述，俄羅斯外交部長拉夫羅夫認為，在俄羅斯人的眼中，西方自己才是信用破產，西方的媒體允許自己充當資訊戰的工具。拉夫羅夫撰文談到與西方關係的危機時，暗批在全球性危機中，美國才是發動戰爭與引發軍事衝突的始作俑者，美國單極主義導致文明衝突，是持兩套價值標準的霸權作風，而俄羅斯的外交傳統卻是以穩定周邊環境來發展國內事物，尋求俄羅斯自身的存在和發展。

　　俄羅斯外交部長拉夫羅夫[10]撰文「與西方關係的危機：什麼危機？」刊登於 2009 年 5 月 18 日的《總結》雜誌。拉夫羅夫認為：

第一，俄羅斯需要進入世貿組織：金融危機把大家推向更加緊密互動的關係當中，但是若沒有各國政府的善意就無法化解彼此存在的對立關係。俄羅斯總統德密特里・梅德韋杰夫，在與西方先進國家和美國領袖會晤之際，強調俄羅斯準備好與他們進行全方位的合作，包括了貿易經濟關係的合作。在公平條件的基礎上，支持俄羅斯加入世界貿易組織，作為承認俄羅斯與世界經濟體整合的基本要素。希望阻撓俄羅斯進入世界貿易組織的障礙能夠清除。俄美關係改善的訊號將會是廢除美國臭名遠揚的傑克森－維尼克修正案 (поправка Джексона - Вэника)，這是美國的問題。

第二，重視外交途徑解決爭端：我們處在全球化的時代，廣泛的意義就是沒有任何一個國家有能力決定國際上任何一個單一的問題。伊拉克的經驗表明，沒有正義的武力只有製造混亂，而無法走出危機的困境。拉夫羅夫本人堅信，沒有完全的根據來將現在的危機時期與第二次世界大戰的先前歷史相比較。現在外交的意義大為提升，透過彼此的聯繫網路可以對任何一項問題來尋求和解的最大公約數。透過倫敦二十國峰會的努力，走出危機是可預見的，例如阿富汗問題

---

[10] Лавров С.В. (2009.5.18). «Кризис в отношениях с Западом: какой кризис?», журнал, «Итоги» 18 мая 2009 года

的國際化協調以促進區域的安全是我們一貫的做法。現在的全球性危機不僅提供了一個絕佳的機會重建世界經濟體系，也是構成世界走向國際共同參與議事日程的積極要素。這等於迫使所有國家集體發揮作用。從我們的觀點來看，世界經濟結構的重組將促進國際關係進一步去意識型態化和去軍國主義化。以建立外交的途徑來避免大規模戰爭的爆發。

第三，執行多元外交：俄羅斯如同大多數國家一樣，執行的是多方面交往的外交政策。俄羅斯在維護國際安全上扮演關鍵的角色，俄國的參與有利於全球的利益，並且有助於同施壓的國家建立起戰略夥伴的關係。當前的國際事務也日趨複雜化，困境仍需要有創造性的決策，可以透過外交途徑的框架來解決問題，則無須籌重累贅的軍事政治聯盟。今天談論的是戰略夥伴的共同利益問題，而不是聯合起來針對某些特定的國家。我們認為，隨著冷戰的結束已經沒有軍事結盟的基礎，不應該試圖制定這樣的「非友即是敵」（или с нами, или против нас）的對立普遍原則。正是因為多邊的外交政策最能夠完整保障俄羅斯在國際事務中的國家利益。今天的成效已經在俄羅斯與國際機制的相互作用中體現出來，像是俄羅斯參與的集體安全條約組織（ОДКБ）、歐亞經濟合作共同體（ЕврАзЭС）、上海合作組織（ШОС）、金磚四國（БРИК）、獨聯體（СНГ）、二十國峰會、七國集團，以及多國會談解決伊朗核與朝核的問題。類似的例子不勝枚舉，可以說俄羅斯在國際事務上扮演著正面且積極的角色。

第四，塑造外部國際間的良好環境：三分之二以上的俄羅斯公民正面評價了我國在國際舞台中的角色，認為俄羅斯的外交政策符合廣大社會的利益，執行的是獨立外交政策的方針。我們歡迎批評我們外交路線的人同我們進行公開的實質內容討論。俄羅斯領導層賦予外交決策透明的特性以及吸納廣大的專家參與到外交政策制定的過程當中。俄羅斯多年努力，致力於恢復俄羅斯過去在國際舞台上所扮演的其中一個領導者角色，符合我們多個世紀以來的外交傳統。想特別強

調的是，俄羅斯外交最重要的優先考量，就是塑造外部良好的環境條件來循序發展國內的事物。在此俄羅斯認識到自己對國際事務的責任就是遵守國際法與自己簽定的條約。

第五，南奧塞梯問題促使俄羅斯－北約關係陷入冰點：拉夫羅夫認為，俄羅斯並沒有將北大西洋公約組織毫無根據地看待作為威脅的根源。對我們而言，北約組織就是一個確保在歐洲大西洋區域內聯同我們邊界安全狀態的客觀組成的關鍵要素。僅管情況並非如此，我們的夥伴於 90 年代做出不利於北約中心主義的抉擇，強化歐洲安全會議（ОБСЕ）作為完全區域性的組織。我們與北約互動以深鑿互信基礎，反對歐洲建立分歧的路線。我們希望相信，北約不會有興趣再回到零和結果（игра нулевым результатом）的遊戲規精神和邏輯當中，或出現在歐洲大陸區域不同層級的安全當中。顯然地，每當有北約的成員國家再度使冷戰時期的衝突邏輯觀死灰復燃，恢覆到集體聯盟的政策當中，問題就出現了。因此今天當試圖對格魯吉亞進行軍隊武裝重整時，當格魯吉亞要推動加入北約的計劃時，這裡就不能不產生一個問題就是北約的目的為何？我們記得最後北約在格魯吉亞境內軍演的事例就是 2008 年 7 月兩個星期對南奧塞梯的砲火攻擊。北大西洋公約組織的一步步擴張，將使彼此的互動關係複雜化，最終怎麼樣也無法確保區域和全球的安全。俄羅斯不能不正視北約國家對我們邊界軍事建構的進逼：北約擴張伴隨著引進空中巡邏、飛機場現代化，以及在新成員國的領土上建立軍事基地。無庸置疑，這些方方面面的問題，從確保俄羅斯國家安全的角度來看，都必須納入到俄羅斯外交政策和軍事計畫當中。

不久之前，我們與北約關係的冷卻，是由於北約對於薩卡什維利政權攻擊南澳塞梯的單一立場，以及在俄羅斯-北約會議上拒絕討論這個主題所引發的，凸顯了我們對話產生了麻煩。但是我們並不準備要衝突。對我們而言，全球性的共同危機和挑戰不允許我們有這麼做的權利。俄羅斯準備好在彼此公平對待的基礎上尋找有建設性的交集點。

第六，重視人類共同的文明價值：人類文明建立在存在的永恆不變的價值基礎上。不能將其區分成為西方的、非洲的、亞洲的或是歐洲的。它們是共同的價值。假如你同意的話，這應該就是當代社會生活的神經基礎，這是聯繫所有民族、人民和種族團體的黏合劑（цемент）。現在格魯吉亞的政體，委婉地說，不是精神正常的狀態，我們不只一次地提及它攻擊人民的侵略性，進行大規模的屠殺，終歸希望世人必須認清這個事實。關於格魯吉亞的民主和言論自由狀況，歐洲議會專家指出格魯吉亞的文件從不送入議會監督審核，然後對此西方媒體不知為何卻保持緘默。關塔那摩的秘密監獄，北約對塞爾維亞的轟炸，以清除根本不存在的核武為口號發動入侵伊拉克戰爭（況且，更甚者，拒絕公開準備這場戰爭的檔案），在曾經是蘇聯的這塊領土上策動「顏色革命」（"цветные" революции）──凡此種種不單單是最惡劣違反人權的案例，還是踐踏精神道德的標準，更不用說我們西方的夥伴，包括在倫敦，從來不想對發動第二次世界大戰這段期間的檔案資料解密。這就意味著，是不是有什麼事情需要去隱瞞？這些現象很危險，以至於產生了連鎖反應：可以如此這般，也可以那般。就開始了竄改歷史，英雄化納粹份子，抹黑把歐洲從法西斯主義中解脫出來的解放者－也就是做這些完全站在善良對立面上的邪惡事情。

二、俄羅斯對外政策構想

現階段俄羅斯對外政策的基本構想是基於俄羅斯文件《俄羅斯外交政策的概念》（Концепция внешней политики Российской Федерации）[11]，該文件由當時的總統普京於 2000 年 6 月 28 日所批准生效的。該文件代表著俄羅斯外交活動的內容、原則和基本方向構成的觀點體系。關於當前世界與俄羅斯外交政策的關係時，文

---

[11] Концепция внешней политики Российской Федерации (Утверждена Президентом Российской Федерации В.В.Путиным 28 июня 2000 г).

件指出當前世界面臨劇變，觸及俄羅斯廣大的國家利益與公民福祉，新俄羅斯必須站起來堅決捍衛國家利益，發揮在全球事務中的完全功能和重要角色。

中國社會科學院俄羅斯東歐中亞研究所和社會科學文獻出版社主辦的《俄羅斯東歐中亞國家發展報告（2009）》指出，2008 年俄格衝突的爆發是俄羅斯反對北約東擴的強力表現，是俄羅斯外交轉型的標誌性事件。隨著新版《俄羅斯對外政策構想》的出台，以及俄羅斯在外交領域的諸多積極舉措，梅德維傑夫的對外政策正在經歷著不同於以往的四個重大轉型。[12]

第一，在外交自我定位上，正從強國型向大國型轉換。「要考慮到俄羅斯在國際事務中日益提高的國家作用，提高俄羅斯在世界範圍內對發生的事件所應負的責任，提高參與解決事件的可能性，不僅僅是協助實現國際議事日程，更重要的是參加制定國際議事日程」。

第二，在外交戰略謀劃上，正從應急型向預防型轉換。即面對不抵制即被美國推向戰略死角的危局，俄羅斯已經退無可退，只能實時地被迫奮起抗爭。梅德韋傑夫上任後多次指出，「一個強大的國家，其外交不僅應該具有善於處置危機的能力，更應該具有預防危機的能力」。新的《俄羅斯對外政策構想》也強調，俄羅斯奉行「有預見性的實用主義外交政策」。

第三，在外交涉獵範圍上，正從局部型向全局型轉換。新的《俄羅斯對外政策構想》強調，「俄羅斯對外政策的突出特點是——平衡性和多向性」。

---

[12] 常紅（2009 年 08 月 12 日）。俄羅斯正從強國轉向大國外交實現四個轉型。來源：人民網。http://big5.ce.cn/gate/big5/intl.ce.cn/gjzx/oz/200908/12/t20090812_19762819.shtml

第四，在對外國際形象上，正從暴力型向道義型轉換。自由主義者形象出現的梅德維傑夫正在改變著西方人對俄羅斯的傳統判斷。

三、強化經貿、技術與文化的國際交流與合作

在世界全面經濟危機面前，俄羅斯的政治、經濟、外交政策開始全面轉型，這種轉型主要是建立在經濟穩定、多參加和主導國家組織、外交設定在獨聯體國家的整體框架上。將俄羅斯的危機轉化為機會，這個機會出現的基礎是，西方國家開始忙於內部事務，對外顛覆活動減少，機會的表現是內部改革及對獨聯體國家的重大調整。

俄羅斯進入世界貿易組織的主要角色已經從廉價市場和生產基地，轉變為能源價格制定的參與者，對於這一點，俄羅斯外交戰略的智囊已經方向一致，沒有分歧。能源、技術和文化是俄羅斯未來戰略的主要武器。外長拉夫羅夫認為，在全球化的時代，廣泛的意義講沒有任何一個國家有能力決定國際上任何一個單一的問題。伊拉克的經驗表明，沒有正義的武力只有製造混亂，而無法走出危機的困境。現在迫切需要解決的是戰略夥伴共同利益問題，而不是聯合起來針對某些特定的國家。隨著冷戰的結束已經沒有軍事結盟的基礎，不應該試圖制定這樣的「非友即是敵」的對立普遍原則。但問題是在美國佔領阿富汗和伊拉克之後，就再沒有能力挑起新的戰爭，在格魯吉亞挑釁俄羅斯後，馬上遭到武力對抗，之前格魯吉亞還出現一個營士兵的叛亂。現在看來無論是獨聯體國家還是西方都沒有國家希望軍事挑釁俄羅斯。

俄外長認為，全球性危機提供了一個絕佳的機會重建世界經濟體系，也是構成世界走向國際共同參與議事日程的積極要素。這等

於迫使所有國家集體發揮作用。世界經濟結構的重組將促進國際關係進一步的去意識型態化和去軍國主義化。以建立外交的途徑來避免大規模戰爭的爆發。俄羅斯執行的是多方面交往的外交政策。俄羅斯在維護國際安全上扮演關鍵的角色，同施壓的國家建立起戰略夥伴的關係有利於俄羅斯和獨聯體國家的穩定。正是因為多邊的外交政策最能夠完整保障俄羅斯在國際事務中的國家利益。今天的成效已經在俄羅斯與國際機制的相互作用中體現出來，俄羅斯參加這些國際組織並扮演角色，不僅可以保障俄羅斯的國家利益，而且還對獨聯體國家的發展有著引導的作用。

總體而言，俄羅斯應該是認為在與美國進行政治化的合作上不能夠沾光，是無法與西方相抗衡的，只有進行經貿、技術和文化方面的交流合作，俄羅斯才有機會與西方國家進行平等互惠的合作。這樣的外交戰略顯示，俄羅斯外交人士認為當西方國家和美國遇到金融危機時，俄羅斯不應當落井下石，同時也不應當自大。相反需要把俄羅斯和西方的合作導引到技術和文化之間的交流上，在技術和文化交流上，俄羅斯並不會輸於西方，而且這比西方聯手政治化和孤立俄羅斯來的簡單，好效果持續時間長。

參、媒體角色的轉變

外交作為國家政治的一部分，自然會體現國家政治發展的基本趨勢，反映國家政治經濟的基本需要。外交的基本目的就是捍衛國家利益，但是在利益目標與現實之間，並不是任何時候都是相吻合的，特別是國家經歷了劇變、整體實力出現下滑、國際地位發生位移，現有的手段已經難以維持國家利益時，國家領導人和外交政策決策者能不能適時地做出調整，使利益目標和現實手段相互平衡，

就不是一個簡單的問題。俄羅斯外交政策的變化就是一個自我修正的過程，也是與世界外部互動的結果。[13]

一、俄精英報捍衛梅普體制

2008 年，普京總統現任後，新總統梅德韋杰夫上任，任命普京為政府的總理，梅普雙核體制的共治時代來臨。此時俄羅斯的最大報紙《消息報》發表了一篇重要性的評論文章，肯定梅德韋杰夫總統的能力，此時俄羅斯菁英報紙進入了另一格階段：媒體不但是國家安全的戰略夥伴關係，也是輿論的平衡者，菁英報紙的社評會解釋並且支持政府的作為來化解民眾對政府出現的可能不信任，藉此來平衡西方新聞負面輿論對俄羅斯國內輿論帶來的衝擊。

俄羅斯最大的菁英報紙《消息報》，2009 年 2 月 25 日刊登了一篇社評文章，標題是：「用不著『見獵欣喜的好心人』的提醒」[14]，文章高度評價了俄羅斯總統梅德韋杰夫的施政表現。該報認為，梅德韋杰夫當選總統近一年是相當不容易的一年，其危機處理能力與外交表現令人刮目相看，尤其是在堅決反對北約吸納格魯吉亞與烏克蘭的立場上；軍事打擊格魯吉亞向南奧塞梯開火的軍事行動上；俄烏斷氣問題；以及應付金融危機和俄羅斯內政上。

《消息報》評論認為，梅德韋杰夫在許多問題上的處理已經非常獨立且有自己的想法，這與普京強調的重點的確不相同，但這體現出這位總統已經逐漸成為一位了不起的政治人物。許多熱切討論關注總統與總理不和的人，如同獵人般追逐且緊盯著兩人的差異，試圖找出這個國家體制上的漏洞，離間克宮（總統辦公地點）與白宮（總理辦公地點），期望見到俄羅斯體制運作的癱瘓。該報寫到，

---

[13] 邢書綱於《重振大國雄風－普京的外交戰略》的序言。
[14] Известия (2009-2-25). Без подсказки "доброхотов"

梅德韋杰夫與普京的確是不同類型的人，但他們倆人擅於異中求同去解決問題，無須那些「見獵欣喜的好心人」提醒，這是國家的萬幸！他們倆並不同於烏克蘭總統尤先科與總理季莫申科的互動關係。若是說梅德韋杰夫不適任總統這個角色的話，這是毫無根據的說法！他的政績絕非因為與普京的政策不同來體現。《消息報》評論認為，外交方面，梅德韋杰夫個人展現了明確且快速的決策能力，顯示了這位總統在危機面前並不軟弱退卻，其堅強獨立的人格特質與決策能力，贏得了俄羅斯媒體普遍的高度評價與肯定，俄羅斯媒體並不急於抨擊與負面討論這位新任總統，目的是為了俄羅斯的內部團結，這應該是俄國內部感受到國際上對俄國巨大的孤立壓力以及對俄羅斯國家發展不明的一種擔憂的恐懼。

二、媒體國家化成為國家崛起工具

2000 年普京執政後，俄羅斯媒體國家化成為必然趨勢，國營能源企業成為支撐媒體國家化所需要的經費來源。媒體管理成為普京重建俄羅斯強國之路的重點，普京與媒體高層之間的互動也是政府與媒體建立戰略夥伴的溝通機制，這個溝通機制可以在任何危機發生時快速控制新聞輿論，使之符合政府危機處理的需要。2004年，別斯蘭人質事件之後，俄羅斯的高層與政府就建立起危機合作的新聞報導模式。基本上，俄羅斯政府仍發揮改善媒體經營環境和補助媒體的重要功能。媒體的管理也是普京國家安全戰略與外交工作的戰略夥伴，普京對媒體重視的程度從他一上任的許多作為可以得知，包括清查媒體寡頭的帳務、收購商業媒體、重組政府媒體管理機構以及擴大政府對媒體事業的補助，對於傳媒法與相關媒體報導活動的修法，都可以看出俄羅斯媒體安全戰略首重在打

擊恐怖主義與媒體報導方面以及對於大眾輿論在危機事件中的的控管。[15]

俄羅斯的媒體脈絡主要從四個方面著手：

第一，是從馬克思將媒體認定為「社會政治機制」的一個「機關組織」來看，研究蘇聯與俄羅斯媒體傳統上必須從體制內來看待，但是必須注意的是兩個時期的俄國媒體是同中有異，異中有同，仍必須加以區隔；

第二，列寧界定媒體的「工具論」，俄共（布）黨的媒體必須是提升成為「全俄羅斯」的「國家媒體」，在革命與建國期間具有在全俄羅斯各地進行宣傳、鼓動與組織的功能，但是宣傳的對像是知識分子，鼓動的對象則是廣大下層的民眾，在蘇聯提高教育之後，媒體的宣傳與鼓動功能就沒有明顯的差別了；

第三，是史達林的「強國媒體理論」，媒體絕對是強化意識形態建築以及俄國全面進行工業化的機制與工具，史達林最精明之處在於非常瞭解蘇聯的優勢在於能源；

第四，就是普京對於媒體的「國有公共服務體制」的建立，普京對於媒體的概念有兩個方面：一個方面就是繼承馬克思的「機制機關論」、列寧的「國家工具論」、史達林的「媒體強國意識形態與資源優勢論」，另一方面，就是一部分普京融合「媒體公共服務論」與「自由多元結構」中專業主義的部分，不過雖然自由主義是專業主義的前提，但是專業主義又不完全等於自由主義，因為專業主義還包含其他重要的組成要素在裏面，例如倫理道德、宗教差异、民族情感、性別差异與階級和諧等等概念在裏面。因此俄羅斯媒體理論基本上是「馬列斯」一脈相承，普京在融入西方自由多元主義的

---

[15] 可參見胡逢瑛、吳非的《蘇俄新聞史論》、《透視蘇俄傳媒轉型變局》、《俄羅斯傳媒新戰略——從普京到梅梅普共治的時代》等書。

結構功能與英國廣播公司公共服務制的理念，作為媒體回歸國家社會的有利補充。

歸根結底，當俄羅斯國家社會還沒有完全穩定時，許多問題必須由國家政府出面而非資本家來解決，這時國家需要媒體協助政府找出問題，告訴政府還有哪些問題需要注意，其角色相當於諫臣，而媒體不應是以炒作的手法刺激人們的感官情緒，因此商業媒體絕對不是普京恢復國力的理想媒體。如果單從西方角度看待俄媒體是為鞏固普京政權而服務，那並不能完全理解俄羅斯民眾對普京執政的支持！不論從列寧或史達林再到普京，媒體絕對是俄羅斯成為世界強國的工具，媒體不會是在體制外制肘政府的，這不符合俄羅斯的傳統。普京說過，媒體不能袖手旁觀。媒體的機關屬性就是俄政權每次經過大的變動時，例如 1917 年十月革命前後和 1991 年蘇聯解體後進入轉型時期，俄羅斯媒體最終勢必要回歸到中央媒體獨大的位置上來，這就是媒體仍會在列寧工具論之下發揮作用。但是俄國媒體不再是明文由黨來控制，俄政府也不能像蘇聯時代介入媒體過多，媒體要由專業媒體人管理，記者必須按照新聞規律的專業角度來進行采訪寫作，新聞不能有過多的預設立場或是先行定調，這樣俄羅斯媒體仍是俄羅斯社會的獨特階層。90 年代新聞是媒體寡頭與政權交換政治利益的籌碼時代已經過去，媒體不會成為商業資本運作的場所，因為媒體不但是政府機關的一部分，還是企業化經營與管理的實體，但是它的目的不在於資本的增長，而在於協助國家進行公民社會的建構。

三、全球化下的俄羅斯媒體特點

從 19 世紀末開始到現在，每當有媒體新科技出現的時候，政府單位、媒體研究者、社會學家以及其他的社會團體或組織便開始

關心新媒體對社會舊有秩序的影響，為了解決人們與新媒體產生新型互動關係的各種困難，與此相關的各種相應的理論紛紛出現，媒體研究者為新媒體的角色與其影響做出分析與判斷，然後成為政府推廣與管理新媒體的指導方針，或是成為媒體組織與媒體生產者倡議的新思想與新口號。每個時期都有新媒體與使用者之間的新關係，以及因此產生的新社會問題。上個世紀的 90 年代一般被認為是資訊爆炸的年代，各種形式的傳播工具與媒介相互整合成為更為便捷化與個性化的傳播媒介。此外，廣播電視現也已經進入了數位化時代，目前許多國家和地區已經定出電視廣播媒體數位化落實完成的階段計劃，包括俄羅斯在內的許多國家都制定出大約在 2010 年以前完成廣電全面數位化的基礎建設工程。但是，在這裡我們再度看到的是新媒體科技出現之後所帶來的各種繁榮前景和不確定感同時並存。

　　全球化下的媒體角色有兩個關鍵支柱就是文化與產業，一方面，媒體是推動文化的載具，具有宏揚文化的功能與責任，其從事的是一種文化事業；而另一方面，媒體本身也生產文化產品的企業組織，必須有效經營管理來達到營利，以維持媒體本身的運作。結合來看，媒體與文化產業密不可分。文化產業屬於國際服務貿易領域，主要屬於與知識產權相關的文化產品和文化服務的貿易活動。在 WTO 組織成員之間的談判和協議中，文化的引進和輸出不僅僅作為一種文化交流活動，而且是國際貿易的一個重要而且特殊的組成部分，文化貿易作為一個新領域，越來越受到各國的關注和重視。根據聯合國教科文組織的資料，在過去的 20 多年，全球文化貿易總額增長迅速。從 1980 年到 1998 年，每年文化產品的世界貿易額（包括印刷品、文學作品、音樂、視覺藝術、電影、圖片、廣播、電視、游戲以及體育產品）由 953 億美元激增到了 3879 億美

元。然而，國際間文化貿易的發展並不平衡，主要是集中在少數發達國家之間進行的。對外文化貿易的迅速發展是多種因素作用的共同結果，必然要調動政府、企業和非政府組織的多方面因素。

俄羅斯國有媒體可以歸為三種所有權的形式：「國家全權所有的國家媒體」，其資金主要來自於政府編列的預算；「國家部分所有的國有媒體」，國家政府機關與民間共同持股，而國家政府占有 51%以上的股權；「國營能源企業所有的國營媒體」，商業媒體在「國家化」進程中被國營能源企業並購，國營能源有自己的媒體委員會負責旗下媒體的管理與經營。俄羅斯媒體當中唯一由預算編列的國有媒體在俄國一般稱作「國家媒體」（national or state media），國家媒體在廣播電視領域主要指的是中央聯邦級別的全俄羅斯廣播電視公司集團，俄羅斯 89 個聯邦主體當中九成以上都有該電視公司的分支機構，也就是地方的國家廣播電視公司，全俄羅斯廣播電視公司集團旗下有俄羅斯國家電視台、俄羅斯文化電視台、俄羅斯體育電視台，以及俄羅斯電台與燈塔電台；俄羅斯中央通訊社就是伊塔—塔斯社，中央政府機關報紙是《俄羅斯報》。

國家部分所有的國有媒體，例如第一電視台，第一電視台的前身是蘇聯的中央電視台奧斯坦基諾電視台，蘇聯解體之後，奧斯坦基諾逐漸發展成為一個獨立的技術中心，專門負責向全俄地區的發射工作，第一電視台在 1993 年與 1995 年分別進行股份化與重組工作，更名為社會電視台，俄語發音都是 ORT，金融寡頭別列佐夫斯基在 2002 年以前是該電視台最有影響力的個人股東，第一電視台百分之五一以上的股份掌握在政府各個機關與國營企業手中，由於普京不認為社會電視台的名稱與電視台的性質相符合，2002 年遂將其更名為第一（頻道）電視台，這是以該電視台一直處於第一頻道的位置來命名的。第三個部分是國營的國有電視台，例如前身

是寡頭古辛私基「橋媒體」所有的獨立電視台以及別列佐夫斯基羅戈瓦斯汽車集團公司所控股的第六電視台，後者經營的頻道後來被收歸國有再重新分配給俄羅斯體育電視台。第一電視台、獨立電視台和已經消失的第六電視台都是普京在媒體「國家化」進程中以國營能源資金注入的媒體。

　　普京 2003 年在哥倫比亞大學演講時提到，媒體不能為兩三個錢袋子所有。在普京對媒體改革的總體設想中，媒體不能單從營利的角度看待，媒體若是由商業資本控制，那麼媒體必定會以商業目的為優先考量，媒體就會喪失它的社會穩定功能，因此媒體必須由國家所有，國家要負責出資給媒體，媒體就必須為國家與社會利益的大前提著想，國家必須成為社會利益的調控者。因此，普京在任內全面發展全俄羅斯國家廣播電視公司，由國家編列預算支援該集團資金運作，公司的管理與經營則由專業媒體人負責。由於商業媒體重視有效發行與收視份額，在偏遠地區就無法達到中央媒體的影響力。在俄羅斯還處於軍事強大但是經濟實力薄弱的階段，普京對媒體的改革並不是讓媒體以資本方式做大做強，這不是媒體的目的。如果單從資本運作看待媒體運行，那麼媒體就容易被西方強大的資本介入，媒體若由資本家控制，媒體就會成為資本家的喉舌，為維護資本利益而說話。俄羅斯的威權管理似乎很難在走向強國過程中消失，英國《金融時報》記者 Andrew Jack 稱之為「自由的威權主義」（Liberal authoritarianism）。

四、俄媒體無法因應全球化的因素

　　事實上，我們會發現中國大陸與俄羅斯對於媒體在全球化進程中有許多相似的地方。我們知道，中美之間對於貿易逆差與智慧財產權的問題一直有著巨大的摩擦，由於人民幣匯率的固定、中國大

陸盜版嚴重和不開放電訊產業，這些都使得美國在中美貿易上蒙受巨大損失。事實上，中國與俄羅斯媒體都沒有為迎接全球化做好準備，我們就俄羅斯延遲推動媒體全球化來看，原因有幾點：

（一）文化隔閡

俄羅斯是饒富文化藝術的大國，俄羅斯的文學、音樂、芭蕾都在近三百年當中在全世界產生了巨大的影響。在與世界各國的交流當中，俄羅斯總是希望融入西歐國家當中，成為歐洲國家的成員。在俄羅斯年輕人當中，法語成為他們最喜歡學的外語，其次是西班牙語和德語，然後才是英語。

試想若是美國大量的電影與流行歌曲進入俄羅斯的電視與廣播媒體當中，那對俄羅斯年輕人會有什麼影響？首先俄羅斯人本身要喜歡美式的表演風格與生活態度，但這恰恰是俄羅斯年輕人不能完全適應的。俄羅斯人喜歡有深刻的語言對白，重視演員的的演技，這些都是美國電影在大量科技的運用之下可以不重視的部分。再者，如果年輕人要從電影中學習美式的生活，他們會發現在俄羅斯是很不適應的，因為彼此的生活環境是很不相同的。在俄羅斯年輕人並不被鼓吹要消費任何流行的科技產品去進行娛樂活動，這一點我們可以從電視節目當中發現沒有這些奢侈品的消費廣告以及為銷售此類產品製作的節目看出來，再加上俄羅斯的經濟水準並不如美國，年輕人並不會花太多的錢去購買或經常更新這些消費性的產品，例如汽車、電腦或手機等等。

如果俄羅斯年輕人都崇尚美式文化的話，這勢必對俄羅斯文化的保存與宏揚構成一種打擊，若是年輕人都不重視本國傳統文化的宏揚與維護的話，那麼俄羅斯文化將會走向滅亡的道路；此外，國內的老人與年輕人一定產生文化代溝與認識隔閡，這些溝通障礙或

是知識鴻溝的衝突與落差，對於社會的和諧與穩定發展是非常不利的，對於培養一個民族的自豪感而言將會帶來負面的衝擊。現在俄羅斯的知識界與精英階層都不樂見美國文化取代本國的文化的趨勢產生，他們認為文化的滅亡等同一個國族的滅亡！因此，俄羅斯政府藉由控制傳播體系，用來避免美國文化藉由媒介渠道侵蝕俄羅斯的文化。當然媒體經營者與政府對此是保持對立的立場。這才會有普京嚴格控制廣播電視的管理體制而放鬆報紙多元自由發展的兩手策略。俄羅斯的意識型態與媒體體制問題或可為我們了解中國大陸的體制問題帶來一些啟示。

（二）產業差異

俄羅斯本身是武器生產與航太科技的大國，但由於這些是屬於軍工產業，俄羅斯並沒有轉為民間用途，因此，這些技術短期之內並不會對民眾生活便捷化與舒適化產生什麼直接的影響，由於俄羅斯能源豐富，這也註定俄羅斯走上重工業的道路上來，這讓俄羅斯總是在世界經濟體系之外建立一套獨立的運作系統。

因此，在其他國家或地區倡導的科技生活化或是多媒體的互動性並沒有在俄羅斯產生巨大的社會反響。難道俄羅斯年輕人不喜歡現代化的傳播模式嗎？事實上，我們會發現，其實並不是俄羅斯人不喜歡現代化的傳播工具，而是政府在這方面並沒有投入大量的資金與計劃來發展與此相關的電訊產業。試想講者 90 年代在俄羅斯留學時在宿舍上網，只有繳交網路的使用費用，電話費每個月只要附大約 100 塊台幣的基本費，這裡就知道俄羅斯電信經營還是相當落後的，當時並沒有這方面的經營意識。因此，俄羅斯媒介若是要便捷化就必須配合產業技術的發展，這一部份因為俄羅斯在 90 年代葉利欽執政時期，政治與媒體的精英都在大量的佔領國家能源企

業與國有資產，整個經濟發展還停留在原始的掠奪階段，控制國家經濟命脈的寡頭都在忙著輸出資金與賤買國家企業的設備和能源，並且忙著防堵俄共再度執政而進行的各種政治鬥爭，這些都使得俄羅斯並沒有為全球化做好準備。

　　蘇聯解體之後，葉利欽總統試圖想改變俄羅斯的經濟結構，然後國企私有化的結果卻是造成俄羅斯金融工業寡頭的形成，這些寡頭原來都是蘇聯共青團系統出身的年輕精英，控制著蘇聯的銀行信貸系統，蘇聯解體之後這些精英成為銀行的真正主人，他們投資的資金遍及俄羅斯所有的能源企業。另一批精英就是國企單位的負責人，他們在私有化過程中成為國有企業私有化的受益者。這些精英在葉利欽執政的第二任期開始形成寡頭經濟的體系，這些寡頭們的勢力涉及媒體，媒體是他們參與政治的工具，1996 年 6 月總統大選前夕，當時的總統葉利欽的民意支持度最低到一個百分點，而俄共領袖久加諾夫仰仗俄共國會第一大黨的勢力，士氣如日中天。當時葉利欽尋求這些媒體寡頭們的支持進行電視競選宣傳活動，包括選前三天大量播放史達林肅反的紀錄影片，攻擊俄共的極權形象，這些都勾起人們對過去不愉快的一種痛苦回憶與憎恨情感，另一方葉利欽在鏡頭前被競選幕僚設計成為一個能夠與民眾跳傳統舞蹈和能夠與年輕人大跳迪斯可的健康可親的總統。葉利欽連任之後的第二天，立刻被送到總統私人的療養醫院進行心臟搭橋的手術。

　　那麼俄羅斯是否希望加入全球化的體系當中呢？事實上，據筆者對俄羅斯長期的觀察，俄羅斯並不急於加入全球化的體系當中。原因有二：第一是俄羅斯的文化產業與技術產業並不輸出，俄羅斯輸出的是軍火武器和石油天然氣等能源，這些軍工產品俄羅斯有絕對的優勢和決定權，俄羅斯並不需要利用全球化來達到它的利益獲取。而購買武器與能源的國家都是屬於美國頭疼的國家，例如中國

大陸、伊朗、北韓、埃及和印度等，這些國家地區都是屬於文化語言獨特和政治宗教自成體系的古老國家，與美國當代流行文化產生了一定的衝突。對於美國輸出的資訊產業，俄羅斯目前採取寧可不接受的方式，包括廣播電視的數位化技術，俄羅斯都是採與歐洲規格。中國與俄羅斯目前都是文化產業不輸出與不如美國的情況之下，使得中俄兩國對於媒體產業都採取自成體系與慢慢發展的態度。美國對於中俄兩國的媒體與電信市場都抱持高度的興趣，但是俄羅斯與中國都有自己經濟與產業政策側重點，使得美國總是把俄羅斯與中國當作最大的威脅對手。目前俄羅斯在能源價格攀高的情況之下，利用國家資本推動完成廣電媒體的數位化進程，但是由於俄羅斯幅員遼闊，數位化進程在俄羅斯並不會產生如其他國家聲稱的各種好處，因為從文化隔閡與產業差異的因素，都使得俄羅斯不會鼓吹這方面的議題，然而這使得俄羅斯又走上孤立於世界的老路，但是由於俄羅斯資源豐富，使得俄羅斯可以為了國家利益採取不妥協的態度，這一點使得西方國家對於俄羅斯的再度崛起和普京的強國政策感到非常警惕與擔憂。

肆、結論：俄羅斯戰略調整顯示國家崛起

俄羅斯在亞太地區與中國關係在能源策略上具有合作前景的重要性。他認為，亞洲或是亞太地區在世界政治上扮演越來越重要的角色，尤其是能源的需求使亞洲變得越來越重要，俄羅斯在這方面與中國合作大有作為。亞洲許多國家已經把能源問題視為國家安全的根本問題，並且很大程度地影響了亞洲國家的外交政策與外交。他認為，亞洲能源市場已經成了世界經濟的重點，而能源的探勘與開發以及為此引發的能源爭奪戰，儼然已經構成地緣政治上的

嚴重衝突。從弗斯克瑞森斯基（華可勝，2006）談的大亞洲能源戰略來看俄格的軍事衝突，不難理解格魯吉亞的問題對於俄羅斯國家安全戰略上的衝擊程度。

俄羅斯是一個難以捉摸的國度，俄羅斯人有他獨特的民族性格與思維方式，俄羅斯人性格中的忍耐特性往往成為俄國領導者在對外交往中最鮮明的特色，就從中俄鋪設石油管道的問題來說，俄羅斯認為石油是重要的戰略資源，不是純粹的貿易商品，如果俄羅斯認為，中國不能夠完全成為可以信任的長期友好睦鄰的夥伴時，俄國可以無限期的等待，在中俄交往過程中，中國由於缺乏長期培養的俄羅斯人才，這使得中國無法與俄羅斯交往愉快，這也就是俄羅斯遲遲沒有同意從安那塔爾斯克架設石油管道直達大慶的原因。如果我們不了解俄羅斯人的民族性格，我們很難與俄羅斯人或是俄國交往愉快。

2008 年，美國金融危機和俄格戰後促使美俄走向合作取代對抗戰略。俄格戰爭後，美國從中亞的地緣政治戰略轉向阿富汗，歐巴馬上台之後提出了阿富巴戰略（AFPAK）。阿富汗位於歐亞的交通要道，戰略價值十分重要，提供了美國強化東南亞和南亞戰略的地緣政治基礎，不但能夠繼續聯合亞洲各國對俄羅斯與中國進行軟圍堵，同時落實美國打擊位於巴基斯坦和阿富汗之間的凱達組織和塔里班組織，並且對伊朗發展核武進行監控和制裁，可謂是一舉數得。在國際問題上美國歐巴馬政府改變過去布希政府的對立衝突作法，與俄羅斯進行戰略性的合作。

我們應當從文化價值與道德淪喪來看待世界衝突的根源。在國際關係中講求絕對國家利益至上的年代，國與國之間充斥著經濟手段、軍事武力和自私主義，解決國家間衝突必須靠聞名國家之間的對話溝通與文化作為外交是很重要的溝通路徑。外交不是以武力強

勢推銷自己的意識形態或是宗教信條。每個國家對於文化的任務應該需要騰出一些外交管道作為國家重要的工作。為了使國際輿論有利於俄羅斯方面，俄羅斯和平基金會[16]是落實俄羅斯外交政策很重要的組織。

　　俄格軍事衝突後，對於西方輿論撻伐俄國有軍國主義的傾向論述，俄羅斯外交部長拉夫羅夫認為，在俄羅斯人的眼中，西方自己才是信用破產，西方的媒體允許自己充當資訊戰的工具。僅管俄羅斯與西方的輿論戰未歇，俄羅斯卻早已為因應國際變化與俄羅斯國力的崛起將媒體國家化和工具化。

---

[16]　О Фонде. http://www.russkiymir.ru/russkiymir/ru/fund/about

參考文獻

俄文資料

Астахов Е.М. Мировая практика культурной дипломатии (Диалог культур и партнерство цивилизаций. VIII Международные Лихачевские научные чтения. 22-23 мая 2008 г. – СПб.: Изд-во СПБГУП, 2008.)

Воскресенский А.Д. "Большая Восточная Азия": Мировая политика и энергетическая безопасность, М: 2006.

Егоров В. В., Телевидение между прошлым и будущем. М.:《Воскресенье》, 1999.

Концепция внешней политики Российской Федерации (Утверждена Президентом Российской Федерации В.В.Путиным 28 июня 2000 г).

Лавров С.В. (2009.5.18). «Кризис в отношениях с Западом: какой кризис?», журнал, «Итоги» 18 мая 2009 года.

Лукин А.В. Внешняя политика: от постсоветской к российской. Уроки конфликта с Грузией, "Россия в глобальной политике". № 6, Ноябрь - Декабрь 2008.

журнале "Телеспутник" номер 9, 2003.

Прохоров Е. П. 《Введение в теорию журналистики》, М: РИП-холдинг, 1998.

Стратегия поэтапного перехода от аналогового к цифровому телевизионному и звуковому вещанию

Угольникова Инга, Нечаева Нина, "Друг государства", Итоги, No48, 2003.4.2.

Шкляр В. И., Политика, пресс, власть: стереотипы и новые технологии // Политологии и социально-политические процессы в советском обществе - Одесса, 1991.

英文資料

ANDREi P. TSYGANKOV AND MATTHEW TARVER-WAHLQUIST (2009). Duelling Honors: Power, Identity and the Russia-Georgia Divide, Foreign Policy Analysis, Volume 5, Issue 4, Pages 307-326.

WALTZ, KENNETH. (1979) Theory of International Politics. New York: McGraw-Hill.

中文資料

李金銓（2004）。《超越西方霸權：傳媒與文化中國的現代性》，香港：牛津出版社。

李金銓，〈政治經濟學的悖論：中港台傳媒與民主變革的交光互影〉，香港中文大學，2003 年 6 月刊。

吳非、胡逢瑛（2005）。《轉型中的俄羅斯傳媒》，廣州：南方日報出版社。

姜毅等著（2004）。重振大國雄風──普京的外交戰略，北京：世界知識出版社。

胡逢瑛、吳非（2005）。《透視蘇俄傳媒轉型變局》，台北：秀威出版社。

胡逢瑛、吳非（2006）。《蘇俄新聞史論》，台北：秀威出版社。

胡逢瑛（2009）。《俄羅斯傳媒新戰略──從普京到梅普共治的時代》，台北：秀威出版社。

胡逢瑛、吳非，〈俄國媒體特色是什麼？〉，香港《大公報》傳媒睇傳媒專欄，2006 年 2 月 20 日。

童兵（2004）。〈政治文明：新聞理論研究的新課題〉，《童兵自選集》，轉錄自《新聞與傳播研究》，2003 年第 3 期，復旦大學出版社。

網路媒體資料

常紅（2009 年 08 月 12 日）。俄羅斯正從強國轉向大國外交實現四個轉型。來源：人民網。http://big5.ce.cn/gate/big5/intl.ce.cn/gjzx/oz/200908/12/t20090812_19762819.shtml。

曉歆，一條最具政治性的石油管道，《人民日報華南新聞》（2002 年 09 月 25 日第二版）。http://www.people.com.cn/BIG5/paper49/7332/706085.html。

http://www.enorth.com.cn, 2008-08-13 23:42。

俄羅斯 Internews 網站。

俄羅斯國家電視台網站。

http://www.channelonerussia.com.

Brian McNair (1991). Glasnost, Perestroika and the Soviet Media, 1991.

О Фонде«Русский мир». http://www.russkiymir.ru/russkiymir/ru/fund/about

俄羅斯媒體改革與國家發展方向[1]

　　在獨聯體國家相繼爆發顏色革命之後，美國外交關係委員會曾發表報告認為，美國不應再把俄羅斯當成戰略夥伴，而應對普京「獨裁」政府採取「選擇性合作」或「選擇性抵制」新策略，該委員會同時建議美國應該加速俄羅斯鄰國烏克蘭與格魯吉亞加入北約的內容，並且應該增加對俄羅斯民主團體的支援。俄羅斯政府一向認為國家媒體政策是防堵顏色革命的重要手段，在俄羅斯廣播電視全面轉向數位化之際，國家資本仍是發展俄羅斯國家廣播電視的主要資金來源，俄羅斯媒體的職能與屬性與俄羅斯的國家發展有密切不可分離的關係。2010 年 2 月 7 日，親俄派的亞努科維奇勝選為烏克蘭總統，靠著「橙色革命」上台的前親西派的總統尤先科與美女總理季莫申科分別在總統大選的第一輪和第二輪中確定敗選，「橙色革命」確定終結。筆者在研究中發現，普京在急欲恢復俄羅斯昔日大國雄風的過程中，又採取了列寧與史達林的媒體中央集權的政策，俄羅斯國家廣播電視在數位化過程中仍是秉持著普京的資訊空間一體化的媒體政策原則，本文認為普京的做法與普京強國之路相輔相成。

關鍵詞：媒體改革、國家資本、強國

---

[1]　本文刊載於 2010 年的《俄國語文學報》。特此感謝中國文化大學俄文系系主任李細梅教授和前所長明驥教授多次的鼓勵和指導。另外由衷感謝廣州暨南大學新聞學院吳非副教授與作者多年來的研究合作和砥礪啟發。

壹、俄美角力：顏色革命爆發與退卻

慎防顏色革命在俄爆發是普京實現強國之路首要的國家安全政策重點和方向。媒體與非政府組織是西方影響俄政治運作的兩個關鍵渠道。自從普京執行媒體國家化行動與在 2006 年初俄羅斯非政府組織管理辦法正式出台後，俄羅斯與西方國家之間的信任關係又進入了另一個低潮，這個矛盾隨著 2008 年決定後普京時代的俄羅斯總統大選的迫近而逐漸進入白熱化階段。西方國家與國際性的人權組織對於普京政府的舉措都感到相當的不滿，因為從全球化與人權無國界的角度來看，民主制度和新聞自由是一體兩面的關係，非政府組織與商業媒體可以說是西方國家最有效快速地向俄羅斯輸入資金與人才的最關鍵的兩個渠道，一旦渠道受堵，俄羅斯又將變得不可捉摸和成為難以親近的國家，世界又將從美國主導的單極走向兩極甚至美俄歐中的多極化發展格局狀態，屆時西方將更加恐懼這個超級軍事和能源大國。

一、俄政府簽署顏色革命防範法案

2006 年 1 月 10 日，俄羅斯總統普京簽署了國家杜馬提交的管理非政府組織法案。贊成法案的議員認為這將有利於俄羅斯對抗恐怖活動，避免恐怖組織利用非政府組織輸入資金在俄境內從事恐怖活動。許多觀察家相信這是繼格魯吉亞、烏克蘭和吉爾吉斯發生顏色革命之後，俄政府的一個防治舉措。根據人權與民主發展中心的數據顯示，在俄羅斯大約有超過 40 萬個非政府組織進行活動。2005 年 11 月 18 日俄羅斯杜馬通過 1700 萬美元發展俄羅斯的公民組織，一般認為這是針對 2004 年美國國會決定投入 400 萬美元發展

俄羅斯政黨的反制舉措。俄政府認為這類資金流向將會是透過非政府組織進入俄羅斯境內，進行支持反對黨從事選舉競選活動及政治抗議活動，因此俄羅斯非政府組織法案明顯是對美國此舉提出反制的作法。

西方非政府組織的資金在俄羅斯進行政治運作經常有幾種走向：一是資金部分流向反對派政黨或政治人物的手中，支持他們進入國會與執政黨相抗衡；另一種取向就是支持俄羅斯學者的研究計劃，研究成果將成為西方國家制定對俄政策的重要參考依據；另外資金還會提供俄羅斯新聞記者到西方國家進行培訓，西方國家藉著培養政治經濟或是媒體精英影響俄羅斯的政策決定，這些人才或是精英與記者返國之後一般都是比較親近西方國家，彼此之間有共同語言。俄羅斯管理非政府組織法案主要是防範第一種類型的活動，這樣一來，普京將能控制總統大選的成敗，避免顏色革命在選舉時爆發。總體而言，關懷少數族群、性別歧視、疾病醫療等議題是促進美國移民社會和諧的長久議題；而關注多數福祉、國家整體國力與社會安全則是俄羅斯的重要議題，這個關注少數與多數兩者之間的意識形態分歧應如何找到共同語言與平衡基點恐怕是美俄彼此的共同課題。

二、國家化媒體成為媒體產業化的主流

在1991年政變後和1996年俄羅斯總統選舉時寡頭支持了葉利欽，通過有西方資金背景的獨立電視台全力支持葉利欽連任總統，與此同時葉利欽的私有化政策回饋寡頭的方式就是讓寡頭控制了俄羅斯能源與媒體等重要營利領域。俄羅斯寡頭的媒體控制了輿論，私有化的能源企業則滿足了西方國家發展工業所需的能源供應與能源價格。葉利欽選擇普京作為接班人對俄羅斯振興國力有利，

但對於西方國家控制俄羅斯政治經濟支持西方國家經濟發展與削弱俄羅斯對西方國家的軍事威脅完全不利，最後葉利欽還是選擇了復興俄羅斯這條道路，普京可以說是葉利欽政治決定的結果，普京執政之後的任何的政治決定都與俄羅斯的國家利益有著密切的關聯性。這種疏離性對西方國家而言不得不承認是一項巨大的威脅。

　　普京執政之後試圖回歸到法律治國的方向上來，法律機制的建立啟動了蘇聯解體之後俄羅斯鬆散的政府機關與組織紀律的復甦，以遏制從政府機關內部開始的腐化，尤其是聯邦安全機構的重整與控制，這有利於普京打擊恐怖活動與金融犯罪。俄羅斯的金融工業寡頭已經慢慢地退出商業媒體與能源經營的領域，他們或是逃到國外，如原橋媒體集團總裁古辛斯基與羅格瓦斯集團總裁別列佐夫斯基，或是遭到監禁，如原尤克斯石油集團總裁霍多爾科夫斯基。國營能源企業與國家化媒體成為俄羅斯國家重建的主流實體，這樣一來，所有國外的投資者今後都要直接與俄羅斯政府打交道，這大大提高了西方國家參與俄羅斯政治經濟運作的困難度，一方面普京的改革增加了俄羅斯政府的權威與威權；另一方面普京本人穩定居高的民意支持度鞏固了他在俄羅斯境內建立中央集權管理的合法性，這一點使得西方國家的確越來越難在意識形態方面建立與俄國對話的機制。

　　2010 年 2 月 7 日，親俄派的亞努科維奇勝選為烏克蘭總統，靠著「橙色革命」上台的前親西派的總統尤先科與美女總理季莫申科分別在總統大選的第一輪和第二輪中確定敗選，「橙色革命」確定終結。烏克蘭的總統大選結果顯示俄羅斯在獨聯體的影響力成為主導勢力，而美國與顏色革命已經在俄羅斯的勢力範圍區中退卻。2008 年 8 月，俄羅斯遭受全球性金融危機的襲擊，產業遭受打擊之後致使媒體廣告投放市場也全面萎縮，與此同時俄羅斯與格魯吉

亞之間的三天交戰，成功地在軍事與政治層面上嚇退了美國與北大西洋公約組織對於俄羅斯在地緣政治上的戰略壓縮，這是蘇聯解體以來，前加盟共和國紛紛加入西方陣營與獨聯體（СНГ，獨立國協）爆發顏色革命倒戈親俄政權之後，俄羅斯首度在前蘇聯國家地區做出的強烈干涉，說明俄羅斯強國之路的復甦努力顯然逐漸奏效。

貳、俄媒體理論的機關與工具論點

英國傳播學者 Brian McNair 是少有在蘇聯留學並又能以當時戈巴契夫的「公開性」與「重建」作為主題探討蘇聯媒體的西方學者。1991 年 Brian McNair 出版了《Glasnost, Perestroika and the Soviet Media》[2]一書，在該書中寫到，馬克思否定了黑格爾的唯心主義（idealism），黑格爾定義媒體在公民社會中的仲介（mediated）作用，媒體可以協調（reconcile）不同社會團體和階級以及政治機制包括法律、政府、官僚體制之間在社會中產生的特殊（particular）與普遍（universal）利益（interests）之間的一種競爭（competition）關係。Brian McNair 認為，馬克思對蘇聯媒體的影響至少有兩點：

第一，媒體是社會機制（institutions）的一支：歷史唯物主義（historical materialism）和辯證唯物主義（dialectical materialism）支撐蘇聯社會政治機制的運行，包括媒體。

第二，媒體是機關（organ or apparatus）的一部分：馬克思首先建立共產黨人的媒體機關（Communist Media organ），1846 年馬克思與恩格斯組建共產黨人聯盟（Union of Communists），5 月 31 日正式發行它的首份機關報《新萊因報》（Neue Rheinische Zei-

---

2　McNair Brian (1991).Glasnost, Perestroika and the Soviet Media, London: Routledge.

tung），影響了俄羅斯和其他的馬克思主義的追隨者對於媒體功能與其社會角色的看法。

　　Brian McNair 認為列寧對蘇聯媒體的影響主要是反映在媒體與革命的關係上面，他說列寧成為俄羅斯社會民主工人黨（RSDLP）領袖之後，就反對黨內主張經濟鬥爭（economic struggles）的一派，而主張政治鬥爭（political struggles）對抗沙俄專制（tsarist autocracy），為此，黨需要一份全俄的報刊（all-Russian newspaper），負責宣傳（propaganda）與鼓動（agitation），作為黨廣泛討論革命技巧（revolutionary technique）和指導事務原則（rules of conduct affairs）的工具（vehicle），使黨宣傳與鼓動的內容能夠遍及全俄羅斯地區。革命報紙的目的就是首先達到無產階級的政治自由（political liberty）。

　　俄羅斯的媒體脈絡主要從四個方面著手：

　　第一，是從馬克思將媒體認定為「社會政治機制」的一個「機關組織」來看，研究蘇聯與俄羅斯媒體傳統上必須從體制內來看待，但是必須注意的是兩個時期的俄國媒體是同中有異，異中有同，仍必須加以區隔；

　　第二，列寧界定媒體的「工具論」，俄共（布）黨的媒體必須是提升成為「全俄羅斯」的「國家媒體」，在革命與建國期間具有在全俄羅斯各地進行宣傳、鼓動與組織的功能，但是宣傳的對象是知識分子，鼓動的對象則是廣大下層的民眾，在蘇聯提高教育之後，媒體的宣傳與鼓動功能就沒有明顯的差別了；

　　第三，史達林的「強國媒體理論」，媒體絕對是強化意識形態建築以及俄國全面進行工業化的機制與工具，史達林最精明之處在於非常瞭解蘇聯的優勢在於能源；

　　第四，就是普京對於媒體的「國有公共服務體制」的建立，普京對於媒體的概念有兩個方面：一個方面就是繼承馬克思的「機制機關論」、列寧的「國家工具論」、史達林的「媒體強國意識形態與資源優勢論」，另一方面，就是一部分普京融合「媒體公共服務論」與「自由多元結構」中專業主義的部分，不過雖然自由主義是專業主義的前提，但是專業主義又不完全等於自由主義，因為專業主義還包含其他重要的組成要素在裏面，例如倫理道德、宗教差異、民族情感、性別差異與階級和諧等等概念在裏面。因此俄羅斯媒體理論基本上是「馬列斯」一脈相承，普京在融入西方自由多元主義的結構功能與英國廣播公司公共服務制的理念，作為媒體回歸國家社會的有利補充。

　　回溯馬克思處在的是資本家剝削勞工階層的時代，馬克思逐漸無法認同黑格爾的唯心主義與媒體觀點。在當前西方社會逐漸解決社會利益不公與貧富差距的問題之後，媒體可以在體制之外運行，以追求自己的利潤最大化為目的，人們也依據自己的需求選擇媒體，這時媒體無須負責調動全國人民的團結力量去維護國家利益，因此媒體較能發揮平衡社會利益與協調矛盾的功能，在社會相對穩定與人們生活水準比較高的情況之下，人們會較少將注意力放在資本家與勞工對立的角度上看問題，人反而關心自身的實際需求，以及個人是否有足夠的自主權來落實想法和完善生活。所以「911」事件之後，美國政府與媒體自動調焦，媒體甚至要為布希單邊主義背書，此時美國媒體也在發揮喉舌功能。馬克思的喉舌觀點就是建立在媒體都是屬於資本家的，社會政治機制包括法律、政府與國會都是由資本家組成，無產階級根本沒有自己的喉舌。列寧更進一步把共產黨的報紙提升到國家（state）的地位，成為全俄的國家報紙。現在普京一部分延續馬列的媒體觀點，媒體必須是國家機關與社會

政治機制的一部份，也就是媒體不能單純為資本家所壟斷，一部分融入自由多元的觀點，作為媒體發揮專業精神的自主空間。

吳玉山教授（2009）認為，有關俄羅斯的民主是否出現了倒退，有三個相關的題目可以加以討論：第一，是否依據一些客觀的標準，讓我們可以判定俄羅斯的民主政治出現了倒退的情況，而如果民主倒退是事實，那麼究竟是甚麼因素可以解釋它產生的原因；第二，俄羅斯的人民是不是感受到這樣的民主倒退，也就是民眾主觀的瞭解和客觀的事實是否相吻合；第三，俄羅斯的人民是不是在意這樣的民主倒退，還是他們更為關切其他的議題、或是不認為民主與人權是至高的。在西方的價值觀念當中，葉里欽時期的缺陷民主優於普欽時期的威權主義，然而經驗過這兩種統治模式的俄國人卻多數情願選擇後者。費雪用方法論正確和政治正確的方式，處理了俄羅斯民主倒退的問題，但是他沒有進入俄羅斯人民的心情世界，理解他們對於俄國民主表現的觀點，以及對自由主義式民主序位的看法，因此是有相當不足之處的。而這兩個問題，也是西方比較民主研究的死角，在這裡透過俄羅斯的例子鮮活地彰顯出來了。很明顯地，如果要推動民主，在地人的主觀認知和價值取向是非常重要的。[3]

現在俄羅斯媒體的問題就是媒體會不會近一步縮小公共領域的問題。國家與社會的區隔性是界定媒體是否有哈貝馬斯（J. Habermas）所稱的公共領域的標準。若是將國家社會分為政府、社會團體與公民個人在公共領域中的互動關係來看，那麼政府介入媒體專業化運行越多，那麼社會團體與公民在媒體發聲的權力就越小，也就形成了一種「國家社會化」或是「社會國家化」的重疊狀

---

[3]　吳玉山（2009）。〈解釋俄羅斯的民主倒退〉，《台灣民主季刊》，2009 年 3 月，第六卷第一期，頁 199-205。

況，這一種缺乏公共領域的狀態，例如蘇聯時期，另一種沒有公共領域的狀態是媒體在體制內由於非專業化的介入因素而完全失效，媒體脫離社會團體與公民個人，導致上層建築與下層建築完全脫離，媒體沒有發揮聯繫協調的作用，例如蘇聯末期最為明顯。因此公共領域的範圍大小與媒體是在國家社會中運行的範圍有關。目前俄羅斯媒體的新聞自由不是根本問題，因為俄羅斯有足夠的新聞與言論自由，包括批評普京總統也沒有問題，那麼關鍵的尺度在哪裡？在於媒體在國家資本的控制之下，任何普京的政敵，若是想利用國家安全系統（KGB）洩密給媒體的方式來操作政治鬥爭對普京進行人身攻擊的話，這種事情是可以避免的，因此對普京而言，不僅是為了控制新聞或言論自由才發展國家媒體，而是避免媒體在國安系統介入後出現過多的政治鬥爭新聞，普京是國安系統出身，深知這種操作的利害程度。當然，普京對媒體回歸國家社會的規劃也避免了本可能在俄爆發的顏色革命。

參、俄媒體中央集權的資訊空間一體化政策

2006 年，俄羅斯國家電視台給予人們一種新視覺感受，節目單元形式擴大了新聞資訊類、綜藝娛樂類與自製電視影集的份量，而自製的電視影集與蘇聯時期電影的播放占據總體類型節目的35%，其中，「消息」新聞欄目的新聞製作的提升可以看出俄羅斯新聞體制改革的結果，新聞收視率有提升的趨勢。隨著蘇聯的解體，在 20 世紀 90 年代的整個十年當中，新成立的俄羅斯聯邦共和國並沒有挽救國民經濟向下滑落的頹勢，俄羅斯國營能源大企業與有相當金融背景的企業及銀行的領導人，乘國有企業進行「私有化」之機，在大肆傾吞國有資產之後，形成人們所熟知的「寡頭」與「寡

頭經濟」。俄羅斯金融工業集團對於俄羅斯社會經濟與政治生活產生了極具深遠的影響。

一、媒體國家化與打擊媒體寡頭

2000 年以後，普京開始了媒體「國家化」進程，俄羅斯的國營能源企業將資金注入了金融寡頭的媒體，金融寡頭古辛斯基、別列佐夫斯基和霍多爾科夫斯基分別遭到通緝、起訴與逮捕，俄羅斯政府實行的是一種國有媒體公共服務制的管理形式，俄羅斯寡頭從對大眾傳播領域的絕對控制到控制權的喪失，這基本上屬於媒體回歸作為第四權力結構的基本特性的過程，但是此時的俄羅斯媒體更像是國家機關與企業組織的一個結合體，例如現全俄羅斯國家廣播電視公司（ВГТРК）的集團總裁杜博羅杰夫（Олег Добродеев）由普京總統直接任命，政府直接編列預算注入該公司。俄羅斯的國家廣播電視調查中心的專家小組於 2006 年 1 月 4 日出爐一份關於 2005 年俄羅斯最有影響力的廣播電視和最有影響力的媒體人，調查報告顯示，全俄羅斯廣播電視公司總裁杜博羅杰夫是俄羅斯最有影響力的媒體人。

2000 年 9 月，普京發布一道總統命令，該命令主要是修正原來葉利欽總統頒布的關於完善國家電子媒體工作命令中的一條，該條原來主要是授與地方政府對地方廣播電視領導的人事權，新命令也就是將原來屬於地方政府對於該地方的國家廣播電視公司的領導的任命權轉而納入全俄羅斯國家廣播電視公司總部的管理範疇內，全俄羅斯國家廣播電視公司不但有對地方國家廣播電視分支機構的人事權，同時還具有負責預算編列與經營營收的財權，這主要是防止地方國家廣播電視公司的領導對於資金的濫用與浪費。普京總統藉由全俄羅斯國家廣播電視公司的中央集權管理方式，牢牢

地控制住地方媒體，防範其與國外勢力的相互勾結，也可藉此控管地方媒體對中央政策的確實傳播，同時配合普京建立的聯邦七大行政區，普京任命直接對總統負責的全權代表，負責在聯邦區內組織實施總統政策，定期向總統報告聯邦區安全問題、社會經濟和政治局勢，普京建立新形式的媒體與政治的中央集權加強了中央政府的權威以及促進了國家的整合，解決自蘇聯解體後地方行政各自為政以及分離主義的危害。車臣問題是俄羅斯國家與社會安全的最大障礙。

2005 年，俄羅斯國家電視台的新聞製作體制（Телеканал "РОССИЯ"）做了很大的調整，最關鍵的變動在於該電視台結合該台直屬的俄羅斯環球頻道，打造了一個全俄的「新聞大平台」，最明顯的是這個製作直接擴大了清晨第一檔節目「早安，俄羅斯！」的節目型態與份量，該資訊類型節目是從早上 5 點開始在全俄地區同步直播三個小時又四十五分鐘，並且每半個小時滾動一次該電視台招牌新聞欄目「消息」（Вести）。「消息」新聞欄目的製作方式與管理結構與普京對電視媒體管理的思維是完全吻合的。自普京上任頒布總統令擴大全俄羅斯國家廣播電視公司的職權之後，普京建構的就是一個能夠涵蓋全俄羅斯中央與地方的新聞媒體，所有的地方的國家電視台均納入全俄羅斯國家廣播電視公司的體系之下，地方廣播電視公司的人事權屬於聯邦中央的全俄羅斯國家廣播電視公司，同樣地，屬於中央聯邦的俄羅斯國家電視台的「消息」新聞欄目，已經擺脫 90 年代以莫斯科新聞為中心的節目形式，開始結合地方的國家電視台，打造的是莫斯科、聖彼得堡與其他城市同步新聞的「全俄新聞大平台」，這種「全俄新聞大平台」最大的優點就在於普京實現「媒體中央集權」的理念，同時地方的新聞也能夠即時反映到中央，形成「資訊空間一體化」。「資訊空間一體化」是莫

斯科大學教授施框金在 90 年代倡導的理念。不過，普京建立的媒體模式乃是基於俄羅斯國情而設立的。

二、媒體產業管理中央集權化

　　然而，普京實現「資訊空間一體化」的「媒體中央集權」之所有取得比較有效的成績，這是有一定前題與基礎的，其主要在於首先俄羅斯記者有較強的現場應變能力，這一項能力非常適合「消息」新聞欄目現場直播的製作方式，再加上該新聞節目有派駐地方的特派記者，這些記者對當地新聞有比較熟悉的掌握能力，能夠如實與準確地反應地方新聞，在普京「媒體中央集權」的大環境背景之下，記者直接向中央媒體負責，地方廣播電視也屬於中央管理。其次，雖然普京實行「資訊空間一體化」與「媒體中央集權」的「國家化」政策，但是與此並沒有悖離記者專業化的原則，因為俄羅斯傳媒法事實上是賦予記者有較大新聞採集權，提供記者比較寬鬆的採訪空間，因此俄羅斯的記者事實上是享有很大的新聞自主權，俄羅斯傳媒法反而對於媒體管理者有較多的限制，這樣的一種新聞自主與管理限制的結合主要是適應俄羅斯媒體的大環境，一方面既不讓新聞做死，另一方面不讓媒體寡頭再出現在俄羅斯媒體的管理層當中。在普京的媒體管理概念中，體現的是一種管理與自律同時存在的思維。

　　總體而言，俄羅斯媒體經過了傳播自由的洗禮與媒體轉型期的動盪之後，基本上已經培養出自己新一代熟悉現場報導與擅長採寫的新聞記者，再加上俄羅斯媒體管理階層在一般情況之下比較不干涉記者的新聞內容，而且新聞編輯部也享有較大的新聞自主權，一般而言，俄羅斯新聞報導的界線不在於批評報導，新聞的紅線與警界區主要在於「立即與明顯」危害到國家安全與國家利益的議題，

例如車臣問題。因此，俄羅斯的新聞發展已經進入比較符合普京所建立的具有俄羅斯特色的媒體環境，那就是新聞不但必須在民眾心中有權威性，還要有信任感，記者不僅在於是政府的形象化妝師與政策的宣傳者，這樣遠遠不能夠建立新聞與記者在民眾心目中的地位，更主要的問題是俄羅斯媒體賦予記者較大的新聞自主權，以及傳媒法提供比較寬鬆的采訪政策培養了俄羅斯自蘇聯解體之後的新一代優秀記者，這是新聞能夠轉變成為民眾信任的消息提供者的重要因素。

肆、俄電子媒體以國家資本運作為主

俄羅斯電子媒體與國家資本的關係經常成為媒體研究者和新聞界關注的問題。在西方傳播理論中，援引政治經濟學的概念來解釋政權對媒介的操控，以「國家資本主義」（state capitalism）與「國家統合主義」（state corporatism）對周邊世界如何看待俄羅斯與中國問題仍具有影響力。但這兩項理論的問題就是過於用過去冷戰的對抗思維去解讀俄羅斯媒體的脈絡。90 年代是俄羅斯媒體資本運作的時期，國外資本介入電視、廣播、報紙、出版以及各種非政府組織，2000 年以後，在俄羅斯政府起訴媒體寡頭之後，國家資本進入媒體，取代寡頭的商業資本，國外資本只能在非政府組織與出版業運作，與此同時，過去政府的官員也在非政府組織中擔任要職，熟悉政府運作，在西方與普京政府之間扮演著一種協調的角色，因此非政府組織經常在俄羅斯與西方國家之間起著與媒體相同具有的協調溝通的功能。

一、媒體集團所有權特點

　　俄羅斯現在已經不是「媒體集團化」的問題，「媒體集團化」進程在普京上任的第一屆任期內已經結束了，俄羅斯媒體已經進入蟄伏狀態，媒體與國家政府保持一個互動良好的狀態，而未來俄羅斯媒體比較明顯要解決的問題之一，就是在國家媒體如何在過度到公共服務制過程中資金來源的問題，媒體「國家化」進程中國營能源企業資金注入銀行寡頭的媒體，下一步俄羅斯媒體的改革必須會是與經濟改革結合在一起的，俄羅斯經濟結構勢必先要從能源型經濟結構走向全面正常化的經濟結構之後，才能進行媒體公共服務制的改革。

　　俄羅斯國有媒體可以歸為三種所有權的形式：「國家全權所有的國家媒體」，其資金主要來自於政府編列的預算；「國家部分所有的國有媒體」，國家政府機關與民間共同持股，而國家政府占有51%以上的股權；「國營能源企業所有的國營媒體」，商業媒體在「國家化」進程中被國營能源企業併購，國營能源有自己的媒體委員會負責旗下媒體的管理與經營。俄羅斯媒體當中唯一由預算編列的國有媒體在俄國一般稱作「國家媒體」（national or state media），國家媒體在廣播電視領域主要指的是中央聯邦級別的全俄羅斯廣播電視公司集團，俄羅斯八十九個聯邦主體當中九成以上都有該電視公司的分支機構，也就是地方的國家廣播電視公司，全俄羅斯廣播電視公司集團旗下有俄羅斯國家電視台、俄羅斯文化電視台、俄羅斯體育電視台，以及俄羅斯電台與燈塔電台；俄羅斯中央通訊社就是伊塔－塔斯社與俄新社，中央政府機關報紙是《俄羅斯報》。

　　國家部分所有的國有媒體，例如第一電視台，第一電視台的前身是蘇聯的中央電視台奧斯坦基諾電視台，蘇聯解體之後，奧斯坦基諾逐漸發展成為一個獨立的技術中心，專門負責向全俄地區的發射工作，第一電視台在 1993 年與 1995 年分別進行股份化與重組工作，更名為社會電視台，俄語發音都是 ORT，金融寡頭別列佐夫斯基在 2002 年以前是該電視台最有影響力的個人股東，第一電視台百分之五一以上的股份掌握在政府各個機關與國營企業手中，由於普京不認為社會電視台的名稱與電視台的性質相符合，2002 年遂將其更名為第一（頻道）電視台，這是以該電視台一直處於第一頻道的位置來命名的。第三個部分是國營的國有電視台，例如前身是寡頭古辛私基「橋媒體」所有的獨立電視台以及別列佐夫斯基羅戈瓦斯汽車集團公司所控股的第六電視台，後者經營的頻道後來被收歸國有再重新分配給俄羅斯體育電視台。第一電視台、獨立電視台和已經消失的第六電視台都是普京在媒體「國家化」進程中以國營能源資金注入的媒體。

二、媒體回歸公共服務性

　　普京 2003 年在哥倫比亞大學演講時提到，媒體不能為兩三個錢袋子所有。在普京對媒體改革的總體設想中，媒體不能單從營利的角度看待，媒體若是由商業資本控制，那麼媒體必定會以商業目的為優先考量，媒體就會喪失它的社會穩定功能，因此媒體必須由國家所有，國家要負責出資給媒體，媒體就必須為國家與社會利益的大前提著想，國家必須成為社會利益的調控者。因此，普京在任內全面發展全俄羅斯國家廣播電視公司，由國家編列預算支援該集團資金運作，公司的管理與經營則由專業媒體人負責。由於商業媒體重視有效發行與收視份額，在偏遠地區就無法達到中央媒體的影

響力。在俄羅斯還處於軍事強大但是經濟實力薄弱的階段，普京對媒體的改革並不是讓媒體以資本方式做大做強，這不是媒體的目的。如果單從資本運作看待媒體運行，那麼媒體就容易被西方強大的資本介入，媒體若由資本家控制，媒體就會成為資本家的喉舌，為維護資本利益而說話。俄羅斯的威權管理似乎很難在走向強國過程中消失，英國《金融時報》記者 Andrew Jack 稱之為「自由的威權主義」（Liberal authoritarianism）[4]。

　　歸根結底，當俄羅斯國家社會還沒有完全穩定時，許多問題必須由國家政府出面而非資本家來解決，這時國家需要媒體協助政府找出問題，告訴政府還有哪些問題需要注意，其角色相當於諫臣，而媒體不應是以炒作的手法刺激人們的感官情緒，因此商業媒體絕對不是普京恢復國力的理想媒體。如果單從西方角度看待俄媒體是為鞏固普京政權而服務，那就太小看普京的政治眼光與實力了！不論從列寧或史達林再到普京，媒體絕對是俄羅斯成為世界強國的工具，媒體不會是在體制外制肘政府的，這不符合俄羅斯的傳統。普京說過，媒體不能袖手旁觀。媒體的機關屬性就是俄政權每次經過大的變動時，例如 1917 年十月革命前後和 1991 年蘇聯解體後進入轉型時期，俄羅斯媒體最終勢必要回歸到中央媒體獨大的位置上來，這就是媒體仍會在列寧工具論之下發揮作用。但是俄國媒體不再是明文由黨來控制，俄政府也不能像蘇聯時代介入媒體過多，媒體要由專業媒體人管理，記者必須按照新聞規律的專業角度來進行採訪寫作，新聞不能有過多的預設立場或是先行定調，這樣俄羅斯媒體仍是俄羅斯社會的獨特階層。90 年代新聞是媒體寡頭與政權交換政治利益的籌碼時代已經過去，媒體不會成為商業資本運作的

---

[4]　Andrew Jack (2004). Inside Putin's Russia, NY: Oxford.

場所，因為媒體不但是政府機關的一部分，還是企業化經營與管理的實體，但是它的目的不在於資本的增長，而在於協助國家進行公民社會的建構。

伍、俄國家電視廣播全面展開數位化進程

1998 年，俄羅斯交通與資訊部（Министерство Российской Федерации по связи и информатизации）制定俄羅斯地面數字電視與廣播計劃（О внедрении наземного цифрового телевизионного вещания в России），決定採用歐洲規格 DVB-T 與 T-DAB 分別作為數字電視與數字廣播的標準。據此，俄交通部出台了逐步由模擬轉向數字廣播電視的戰略計劃（"Стратегия поэтапного перехода от аналогового к цифровому телевизионному и звуковому вещанию"）。該項計劃主要先在莫斯科、聖彼得堡與下諾夫格勒三個城市進行，作為測試數字電視與數字廣播採用歐規標準情況的試點，同時在這三座收視密集的大城市進行地面電視廣播結合使用本國電視設施的狀況測試。[5] 此後俄羅斯便開始了廣播電視數位化的進程，俄羅斯中央媒體領導集團－全俄羅斯廣播電視公司將再度面臨管理體制改革、資金投入來源以及技術融合等的問題。如同孫五三教授所言，[6] 新的技術革命帶來的是難以跨越的數位鴻溝，包括個體使用差距、投資問題、個人之間與國家之間的貧富資訊差距、基礎設施不足、政府政策不完善以及傳播政策和廣播電視體制改革等等的問題。

---

[5]　2002 年 9 月 3 日交通與資訊部部長雷曼（Л.Д.Рейман）簽署施行該項決議。
[6]　孫五三（2001）。〈難以跨越的數位鴻溝：發展中國家的因特網〉，北京《國際新聞界》期刊。http://academic.mediachina.net/academic_xsqk_view.jsp?id=2950。

一、強化資訊基礎建設與縮小資訊鴻溝

　　根據 2002 年 7 月 9 日《關於逐步轉換廣播電視的衛星傳輸通路採用數位化技術》（"O поэтапном переводе спутниковых распределительных сетей телерадиовещания на цифровые технологии"）決議，俄羅斯衛星傳輸通路必須完成基礎建設現代化工程，俄羅斯國家 10 顆衛星覆蓋全俄羅斯廣播電視公司與第一電視台在全俄羅斯與中亞等五個區域的傳輸任務，俄羅斯地面使用一萬三千個電視轉播器，「莫斯科」（"Москва"）、「螢幕」（"Экран"）、「軌道」（"Орбита"）、「莫斯科—全球的」（"Москва-Глобальная"）等衛星接收站將從模擬轉換成數位化技術。俄羅斯電視台總經理斯科廖爾（Геннадий Скляр）針對俄羅斯電視台的技術設備現代化表示，俄羅斯聯邦政府撥出 430 億盧布，完成該電視台 2012 年以前數位化的過度進程。此外，6 年後俄羅斯電視台除了少數以個免費頻道將成為一個付費電視台，頻道將會多樣化與專業化，由觀眾自己選擇收看什麼節目，以增加電視台的競爭性與節目品質，為迎接數字電視與移動電話看電視時代的到來，斯科廖爾表示會增添轉播設備的購買。[7]另一個國有的電視台第一電視台也已經開始數位化進程，從 2005 年開始，第一電視台逐步淘汰從衛星發送模擬信號，並改善數字信號傳輸條件。第一電視台利用衛星 HotBird6（13.0°E）傳輸歐洲、近東和北非地區，利用 THAICOM（78.5°E）衛星傳輸亞洲與澳洲地區，傳輸北美則是 Echostar（61.5°W）衛星。[8]

---

[7]　2006 年 2 月 17 日 internews.ru。

[8]　http://www.channelonerussia.com。

二、無線衛星取代有線電視推行數位化

在俄羅斯總統普京強調必須盡快過度到數位化廣播電視之後，對此，數字廣播電視公司 SYRUS SYSTEMS 總經理阿努弗里耶夫（Ануфриев）表示，在討論俄羅斯數字電視時，必須先討論衛星數字電視在聯邦與地區信號發射的通路與直播能力，數字電視必須直接聯繫終端用戶，這必須能夠覆蓋俄羅斯幅員遼闊的土地面積、同時提高信號質量和擴大節目傳輸數量。俄羅斯衛星電視、有線電視和無線電視在進行數位化過程中，面臨轉播與頻波申請問題，必須建立轉播站解決信號到用戶終端的問題，同時地區還必須解決頻波的申請問題。俄羅斯電視數位化的問難還在於解決用戶終端信號質量問題、所需資金和用戶的反饋渠道，在大城市中有線電視得到發展，而偏遠地區缺乏足夠的電話線路發展有線電視，雖然衛星電視可以解決無線電視與有線電視在傳輸過程中的地理障礙和資訊載量的問題，但是如果發展衛星網絡，通路帶寬定在 36 МГц，每位終端用戶得到的傳輸速度是 100 Кбит，這個速度對於影像畫質速度來講太慢，同時地方申請經營頻道過程複雜，必須要有交通部、新聞宣傳部、文化部以及全俄羅斯廣播電視公司等跨部會程式的問題。而解決用戶數量牽涉到地區的劃分，若減少用戶數量或增加傳輸器都不符合運營商的成本。俄羅斯發展模擬電視有足夠的專家，目前仍需要相應的數字電視人才，從多方面問題看來，2015 以前電視數位化的目標指的是無線電視的數位化，不太可能有線與衛星廣播電視全面地數位化。[9]

---

[9] журнале "Телеспутник" номер 9, 2003.（《電視衛星》雜誌 2003 年第 9 期。）

　　總體而言，俄羅斯國家電視廣播在走向全面數位化的過程中，仍必須符合俄羅斯資訊空間一體化的政策原則，地方媒體面臨轉播站設立與頻波申請的問題，廣播電視數位化必須建立轉播站解決信號到用戶終端的問題，同時地區還必須解決頻波的申請問題，地方申請經營頻道過程複雜，必須要有交通部、印刷出版廣播電視與大眾傳播部（新聞宣傳部）、文化部以及全俄羅斯廣播電視公司等跨部會運作審核的程式問題。國家媒體在政府全面資金支援的情況之下，必須完成技術設備更新與現代化的工程，俄羅斯幅員遼闊，在落實地面數字電視與廣播計劃時，又面臨地區城市電話線路鋪設不足的問題，在俄羅斯現有的無線電視、有線電視和衛星電視的基礎設施上轉向採用數位化電視廣播技術結合之際，服務用戶終端被視為最終的目的，運營商在技術規格與用戶數量上的配合勢必面臨區域劃分、質量不達標或是資金不足的問題。在俄羅斯國有電視占據主要市場的情況下，若引入外資，外國運營商勢必要為商業化運作要求俄方電視公司釋放所有權與加大經營管理的透明度，俄羅斯國有媒體是否會在走向公共化的路途中轉向商業化，成為國家電視廣播公司數位化進程的另一個牽涉國家媒體戰略的問題。

陸、小結：從媒體管理機關部門組織再造看媒體改革

　　2008 年是俄羅斯重要的政體轉變年，因為西方世界都在關注俄羅斯的民主發展是否對西方逐漸產生威脅。俄羅斯政體順利轉軌成功，對俄羅斯政壇與民間產生了穩定人心的作用。這一年普京將總統大位正式轉交給繼任總統者梅德韋杰夫，再由新任總統任命普京為總理，總攬內閣事務，由於普京已經擔任俄羅斯八年的總統，

又是俄羅斯最大黨俄羅斯團結黨的黨主席，黨政權力一把抓在握，也因此位高權重，梅普的共治組合就此被外界稱為雙核體制[10]。梅普雙核體制的產生說明了普京在梅普雙核體制下仍然影響著俄羅斯國家發展的大政方針，其中包括了俄羅斯媒體發展的方向。梅德韋杰夫在國家安全所涉及的政治、軍事和媒體因素上可以蕭規曹隨，延續普京的政策，而把國家治理重點放在俄羅斯現代化經濟的建立上面。

王定上（2008）教授認為，2007年底產生的國會，在政權黨－團結俄羅斯黨的一黨獨大下，會與普欽（普京）所領導的政府密切合作，推動各項改革所需的法案，全面提高行政效率，從而有助於經濟發展與政治穩定，梅普雙人馬車就是保證普欽路線的延續[11]。

一、俄羅斯聯邦通訊和大眾傳播部整合

2008年6月2日，由普京總理批准的俄羅斯政府第418號命令《有關於俄羅斯聯邦通訊和大眾傳播部》（О Министерстве связи и массовых коммуникаций Российской Федерации）在組織功能方面做出再造的規定，擴充副部長職位為6個和10個重要部門。[12]領導人專業背景如下：

---

[10] 胡逢瑛（2009）。俄羅斯傳媒新戰略－從普京到梅普共治的時代，台北市：秀威出版社。

[11] 王定士（2008）。俄羅斯2007年國家杜馬與2008年總統選舉之研析，台灣東北亞研究季刊2008年冬季號，台北市：秀威出版社，頁36。

[12] Постановление Правительства Российской Федерации от 2 июня 2008 г. № 418 О Министерстве связи и массовых коммуникаций Российской Федерации. http://minkomsvjaz.ru/ministry/about/

部長與第一副部長人名	專長特點
邵哥列夫 Щёголев Игорь Олегович	1. 1965 年出生，擅長法語、英語和德語。 2. 有豐富從事外事新聞的工作經驗。1988 年到 1993 年在塔斯社擔任外事新聞編輯總部的編輯；1993 年到 1997 年間擔任伊塔-塔斯國家通訊社駐巴黎分部的特派記者、然後是歐洲編輯總部總編輯，新聞部副副部長。 3. 1998 至 1999 年擔任俄羅斯聯邦政府新聞資訊局局長、政府新聞發言人與總理新聞顧問。 4. 2000 年總統府新聞發言人。 5. 2002 年總統府總統議事日程負責人。 6. 2008 年俄羅斯聯邦通訊與大眾傳播部部長。
扎羅夫 Жаров АлександрАлександрович	1. 1964 年出生。 2. 醫學專業，擅長法語和英語。 3. 1998 至 1999 年之間擔任俄新設新聞顧問。 4. 2004 年至 2006 年衛生部新聞發言人。 5. 2008 年被任命為俄羅斯聯邦通訊與大眾傳播部第一副部長。

　　從俄羅斯傳播部門主管的人事任命來看，外語專長、媒體經驗和專業背景都是主要考慮因素，顯示俄羅斯的國際輿論宣傳工作主要仍在歐洲，歐洲也是美俄兩大超級強國自第二次世界大戰以來的角力和冷戰對立的主要勢力範圍。

二、俄羅斯新聞宣傳署功能屬性

　　俄羅斯新聞宣傳署（Федеральное агентство по печати и массовым коммуникациям）2004 年 6 月由普京總統命令成立，附屬於俄羅斯新聞宣傳部（Министерство Российской Федерации по делам печати,

телерадиовещания и средств массовых коммуникаций，正式全稱為俄
羅斯聯邦印刷、廣播電視與大眾傳播部）。[13]

2008 年 6 月，進入梅普共治時代後，新聞出版業務全部納入
俄羅斯聯邦通訊與大眾傳播部，原來的新聞宣傳部則被降級和組織
再造合併後取消，改由新聞宣傳署執行過去有關於印刷與廣播電視
媒體新聞宣傳部的具體工作，新聞宣傳功能的降級主要是配合國家
發展電訊業務的需要，將新聞宣傳的業務納入到通訊傳播技術的範
疇之內，換言之，在資訊整合與匯流的時代，如何使新聞宣傳工作
資訊化成為俄羅斯國家媒體改革的重點工作。

作者研究發現，俄羅斯防堵顏色革命爆發奏效，在國內方面，
這與俄羅斯非政府組織控管政策的出台與修正、俄政府打擊寡頭媒
體、強化能源企業在媒體經營中的資金投入以及廣播電視數位化進
程後媒體組織再造和新聞輿論控制有直接關係；在國際因素方面，
從全球化影響和地緣政治結構來看，美國金融危機爆發後導致的金
融海嘯衝擊了美國與歐洲國家的國力，俄格戰爭顯示俄國軍事力量
的復甦與軍國主義的抬頭，歐盟國家與獨聯體國家對俄羅斯能源依
賴的與日俱增，以及烏克蘭總統大選再度變天，致使格魯吉亞和烏
克蘭重回俄羅斯勢力範圍之內，凡此皆阻擋了北大西洋公約組織的
東擴進程，從而強化了俄羅斯強國的空間和實力。俄羅斯媒體改革
支援了俄政府在國家安全戰略上的政策推行和阻斷了西方利用非
政府組織和寡頭媒體對俄國政權進行滲透和顛覆的可能性。作者在
本文當中的研究想法主要是策重從俄美之間的國家安全戰略角
度，來說明媒體和非政府組織的中介傳播角色以及其對於國家安全
的影響，未來俄羅斯媒體的新聞自由度和國家民主發展以及人權維

---

[13] http://www.fapmc.ru/about/information/position/。

護之間的互動關係仍是西方國家對俄羅斯民主政體認同與否的觀察和檢驗指標。

（本文研究的理論構思來自於作者在香港城市大學擔任訪問學者期間，由指導教授李金銓講座教授提出研究探討的，特此表示感謝。）

參考資料

王定士（2008）。〈俄羅斯 2007 年國家杜馬與 2008 年總統選舉之研析〉，《台灣東北亞研究季刊》，2008 年冬季號，台北：秀威出版社，頁 36。

李金銓（2004）。《超越西方霸權：傳媒與文化中國的現代性》，香港：牛津出版社。

吳玉山（2009）。〈解釋俄羅斯的民主倒退〉，《台灣民主季刊》，2009 年 3 月，第六卷第一期，頁 199-205。

胡逢瑛（2009）。《俄羅斯傳媒新戰略──從普京到梅普共治的時代》，台北：秀威出版社，第 39-54 頁。

胡逢瑛、吳非（2006），《蘇俄新聞傳播史論》，台北：秀威出版社，頁 138-151。

胡逢瑛、吳非，〈俄慎防爆發顏色革命〉，香港《大公報》2006 年 11 月 9 日。

孫五三（2001）。〈難以跨越的數位鴻溝：發展中國家的因特網〉，北京《國際新聞界》期刊。http://academic.mediachina.net/academic_xsqk_view.jsp?id=2950。

McNair Brian(1991). Glasnost, Perestroika and the Soviet Media, London: Routledge.

Andrew Jack(2004). Inside Putin's Russia, NY: Oxford.

2002 年 9 月 3 日交通與資訊部部長雷曼（Л.Д.Рейман）簽署施行該項決議。

2006 年 2 月 17 日 internews.ru。

http://www.channelonerussia.com。

http://www.fapmc.ru。

http://www.minsvyaz.ru。

журнале "Телеспутник" номер 9, 2003.（《電視衛星》雜誌 2003 年第 9 期。）

媒體技術變遷
對政府處理特殊事件的影響
——以俄羅斯地鐵爆炸案為例[1]

　　政府作為國家最高的權力運行組織，政府危機管理的成敗也就關乎於公眾的生命安全和財產的保障。政府危機管理失敗時，不但動盪社會且嚴重時將危及國家的存亡，因此在位者不可不慎乎。俄羅斯是個多災難的國家，故非常重視救難體系的有效運行和具體救災成效對於國家安全的影響。在網際網路興盛的全球化時代，政府的資訊公開與媒體關係成為危機年代的重要工作，也是政府效能在民眾心中的形象指標和信心指數。俄羅斯近年來建立自主性和可控性的民主政體，強調民主政體的公眾利益和國家中央集權的可控性垂直管理，把俄羅斯定位成國家安全影響國家利益的區域強權並以此作為國家發展的戰略目標。俄羅斯案例或可提供我們政府在危機處理方面作為參考借鑒的對象之一吧。

關鍵詞：媒體、科技、政府、危機管理、緊急狀態、俄羅斯

---

[1]　本文為元智大學通識教學部主任王立文教授指定撰寫的文章，作者發表於 2010 年 5 月 22 日元智大學通識教學部舉辦的兩岸科普會議當中。特此感謝王立文教授的指導意見。

壹、危機管理的基本理論

Timothy Coombs（2007）[2]認為，危機管理（Crisis management）屬於公共關係的範疇，具有組織性的功能，在組織內扮演至關重要的角色，危機管理的失敗將危及股東的利益且嚴重時將損害整個組織的生存。Timothy Coombs 是從商業組織的運作來看待危機管理的重要性問題。換言之，如果我們將危機管理的概念運用到一個國家的社會當中，倘若現代民主政體把政府視為民眾對政府處理公眾事務的委託者和主權行者，兩者關係屬於委託的社會契約關係，例如，盧梭的《社會契約論》倡議的主權在民的概念，政府受到人民的委託，政府要向社會大眾負責。由於政府決策關乎公眾利益，因此屬於公共關係的領域。政府作為國家最高的權力運行組織，政府危機管理的成敗也就關乎於公眾的生命安全和財產的保障。政府危機管理失敗時，不但動盪社會且嚴重時將危及國家的存亡，因此在位者不可不慎乎！

一、危機管理是一個整體運作的過程

Timothy Coombs 把危機造成的損失分為三項：公共安全、財物損失、名譽損失。Dilenschneider（2000）[3]在《企業傳播聖經》當中提到，所有的危機都會玷污組織的名聲、破壞組織的形象。同樣地，依據 Dilenschneider 的看法延伸到公共政策的領域時，國家

---

[2] Coombs W. T. (2007), Crisis Management and Communications，Essential Knowledge Project, the Institute for Public Relations. http://www.instituteforpr. org/essential_knowledge/detail/crisis_management_and_communications.

[3] Dilenschneider, R. L. (2000). The corporate communications bible: Everything you need to know to become a public relations expert. Beverly Hills: New Millennium.

領導者如果無法解決危機，民眾就會失去對執政者、政府乃至於國家的整體信心，選舉時就會影響民眾的投票決定。

Timothy Coombs 把危機管理看作一個過程，並將這個過程分為三階段：危機前（pre-crisis）、危機的回應（crisis response）和危機後（post-crisis）。危機前強調預防和準備；危機回應強調對危機採取具體的舉措；危機後強調做出經驗總結以面對下一次的危機，並且落實危機中提出的承諾，包括危機過程中資訊的同步發布和更新，使大眾了解危機後的後續處理進度和防備措施的改善。

Barton's（2001）[4]和 Coombs, W. T.（2006）[5]同時認為具有危機管理計畫者較能處理好危機的發生，危機前準備的作法如下：

第一，有危機管理計畫且隨時與時俱進的更新計畫。

第二，有專門訓練有素的危機處理團隊。

第三，至少每年一次要檢視危機管理的計畫和測試團隊運作狀況。

第四，危機訊息的發布需有草案與固定模式，包括網頁內容和危機內容的敘述，需有相關法律部門檢視和事先確認這些訊息草案。固定模式可以使危機發生時快速填入最新的訊息後立即發布消息。

二、發言人是危機團隊的關鍵因素

發言人（spokesperson）在危機發生時扮演組織和外部媒體的聯繫橋樑。Lerbinger（1997）[6], Feran-Banks（2001）與 Coombs

---

[4] Barton, L. (2001). Crisis in organizations II (2nd ed.). Cincinnati, OH: College Divisions South-Western.

[5] Coombs, W. T. (2006). Code red in the boardroom: Crisis management as organizational DNA. Westport, CN: Praeger.

[6] Lerbinger, O. (1997). The crisis manager: Facing risk and responsibility. Mahwah, NJ: Lawrence Erlbaum.

（2007a）認為，組織在危機發生時必須大量投注在媒體關係上，但媒體訓練必須在危機爆發前準備好。

第一，避免使用不予置評的字眼，那會使人認為該組織默認有罪並且試圖隱藏事實。

第二，訊息要清楚明白，避免使用專門術語和技術性詞彙，模糊訊息會使人感覺該組織故意要誤導大眾而隱藏事實。

第三，發言人在鏡頭前要鎮定，發言人的眼睛必須與人接觸顯示出自信，避免出現過多的緊張動作，否則民眾會懷疑其中有詐。

第四，發言人的談話主要目的要使民眾感到信服。

組織處理危機的專門網頁可以達到危機處理的信服效果。Taylor and Kent's（2007）[7]研究發現，利用網際網路在危機發生時製作網站發布訊息是非常好的作法。網站必須要要危機發生前就已經設計好，危機團隊平時應該預測危機的種類和可能應變的措施。

危機的回應可分為兩方面：一開始的回應和對於組織名譽修復和行為意圖的解釋。一開始的回應必須要及時迅速、準確清楚、訊息連貫。

Carney and Jorden（1993）[8]認為快速回應顯示組織已經掌控情況。Hearit's（1994）研究指出保持沉默是消極行為，那會使別人掌控主動的發言權。Arpan and Rosko-Ewoldsen（2005）[9]也發現，早一點回應危機可以獲得較多的信任感，而危機前的準備工作可以使危機處理者在第一時間內快速回應。

---

[7] Taylor, M., & Kent, M. L. (2007). Taxonomy of mediated crisis responses. Public Relations Review, 33, 140-146.

[8] Carney, A., & Jorden, A. (1993, August). Prepare for business-related crises. Public Relations Journal 49, 34-35.

[9] Arpan, L.M., & Roskos-Ewoldsen, D.R. (2005). Stealing thunder: An analysis of the effects of proactive disclosure of crisis information. Public Relations Review 31 (3), 425-433.

第一時間內回應的特點如下：

第一，快速在危機發生的一個鐘頭內回應。

第二，仔細檢視所有事件的準確性。

第三，發言人隨時保持對事態發展進度和重要訊息的掌握。

第四，優先確保公眾生命的安全。

第五，使用所有傳播渠道，包括網外網內網路系統和大眾傳播系統。

第六，表達對於受害者的同情和關懷。

第七，保持與受害者家屬的聯繫和諮詢。

貳、俄羅斯政府危機處理特點

隨著網路時代的來臨，政府機關資訊公開化也成為趨勢。政府機關的官方網站其實就是自己的門面，是少具有幾點功能：建立組織本身在社會上的公信力；向公眾報告他們關心重要議題的公共傳播平台；準確消息或是權威訊息的來源者；重要資料檔案的提供者。

一、研究對象與背景

因為特殊事件造成危機的狀態在俄羅斯屬於緊急狀態，這是指危機發生導致危及社會安全時政府進入救災備戰的救援的狀態，對整個國家社會而言就是產生立即危險的危機狀態，也是社會大眾生命財產遭受危害之虞的狀態。筆者將緊急狀態粗分為一般災難意外事件（自然災難、人為疏失、技術性災難）、極端事件（精神失常者或是狂熱份子製造的危險事件）、恐怖事件（恐怖份子製造爆炸、綁架或其他有組織性和破壞性的恐怖活動）、戰爭和軍事衝突。

　　本文以2010年3月29日在莫斯科市中心地鐵的爆炸案作為特殊事件的分析案例，對於俄羅斯政府處理緊急狀態的危機處理與危機管理系統部分，本文僅以俄羅斯緊急狀態部（МЧС России）作為一個主要參考分析政府危機管理特點的對象。本文有使用「危機處理」和「危機管理」兩個詞彙。「危機處理」比較強調事件發生時當下政府的迅速舉措，「危機管理」偏重強調危機前、危機中、危機後的一個整體的過程和狀態。

　　本文在這部分首先對於俄羅斯緊急狀態部的工作特點進行簡介，其次，檢視媒體對於緊急狀態部和中央政府在3月29日和3月30日這兩天的報導特點，然後再對於俄羅斯媒體報導進行部份新聞內容的分析，由於時間和篇幅有限，僅以期待對媒體技術變遷對於俄政府處理特殊事件的影響有個大體的了解，作為相關事件的特殊參考案例。

俄羅斯緊急狀態部官方網站：http://www.mchs.gov.ru/

二、俄羅斯緊急狀態部的工作特點

俄羅斯緊急狀態部（МЧС России）成立於 1991 年，當初成立時是一個救難隊委員會，主委紹耶古（Сергей Шойгу）仍是目前緊急狀態部的部長，歷任總統都很器重他的專才，一個部門長官擔任 20 年很不容易，多多少少反映俄政府高層對於該部門人事穩定性和政策聯貫性的重視。俄羅斯是個多災難的國家，救難專業人員養成不易，這應該也是一種人事保障而確保社會安全的一種行政思維吧。例如，1992 年俄羅斯全境內有 1242 起災難，1004 起是技術性造成的，144 起是自然災害，94 起是人為造成的，一共造成 6 萬 8 千人傷亡，死亡人數有 947 人[10]。

俄羅斯緊急狀態部的基本任務如下：

第一，研議和落實在公民防護領域中的國家政策，保護民眾和國土免於特殊事件的傷害，保障防火安全和在一定權限內保障人們的水上安全。

第二，組織準備和確認以上防護工作的立法項目和立法順序的相關程序。

第三，落實公民防護工作的管理以及聯邦行政機關建立預警機制和消除緊急事件發生的行政一體化的管理工作。

第四，落實立法中規定的預警、預測、降底緊急情況留下的後遺症等目標，執行與緊急狀態部權限有關的社會疏失問題和控管功能等問題。

第五，處理上述公民防護工作中的緊急事件的回應和人道救援的醫療救助工作。

---

[10] http://www.mchs.gov.ru/ministry/?SECTION_ID=291

　　根據俄羅斯緊急狀態部官網資料統計顯示，2009 年俄羅斯境內的緊急事件有 424 起，比起 2008 年 512 起，下降了 17%。

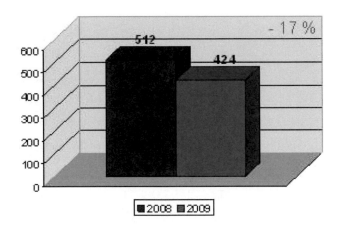

　　其中有 270 起是技術性的事件，死亡人數為 723 人，1873 人受傷，佔緊急事件比例 64%，比例最高；其次，自然災害有 133 起，造成 11 人死亡，555 人受傷，佔緊急事件比例 31%；人為疏失的事件有 21 起，佔緊急事件比例 5%。

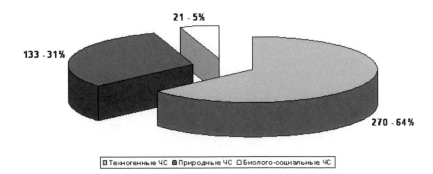

Характер возникновения ЧС

三、俄媒體在特殊事件中的傳播角色

2010 年 3 月 29 日，正值早上上班的尖峰時刻，俄羅斯首都莫斯科市中心的兩處地鐵站－「盧比揚卡」和「文化公園」，先後發生了兩起恐怖爆炸事件，根據 3 月 29 日緊急狀態部的官方網站報導「關於莫斯科地鐵站爆炸消息」（Информация о взрывах в московском метрополитене）[11]，消息指出：一共造成至少 35 人死亡和 38 人受傷。此外，官網當天為了讓死傷者家屬知道消息，官網當天公佈了死傷者的名單，事件過後這些資料因為保護當事人的隱私權而取消。官網還公布了緊急聯繫電話和傷者送往的醫院等相關資料。

俄羅斯緊急狀態部的官方網站首頁設有一項專門的欄目叫作「媒體資料」，「媒體資料」分為兩部分：「媒體觀察」（Мониторинг СМИ）和「出版品、專訪、評論」。作者找出「媒體觀察」3 月 29 日的資料，當天有 55 條關於緊急狀態部的新聞報導，其中國家通訊社包括伊塔塔斯社、俄羅斯新聞社、國際電傳社都有關於緊急狀態部的報導；大型的日報包括《俄羅斯報》、《消息報》、《新消息報》、《莫斯科先鋒報》、《先鋒真理報》、《獨立報》、《商人報》、《爭論與事實》週報和《人物》雜誌都有報導；俄羅斯國家電視台的「消息」新聞節目都有相關的報導。

3 月 30 日，俄羅斯緊急狀態部的官方網頁「媒體觀察」的新聞報導篇幅量激增為 116 條，這顯然也與莫斯科地鐵的爆炸恐怖活動有關。例如：《消息報》就以「俄羅斯總統德密特里·梅德韋杰夫：我們定會找到他們並且將他們全部殲滅」為題（Президент

---

[11] http://www.mchs.gov.ru/rc/detail.php?rc_id=moscow&ID=31361&sphrase_id=60268

2010年3月29日-3月30日媒體觀察報導篇幅量

媒體報導篇幅

Россmin Дмитрий Медведев: Мы их найдем и всех уничтожим），報導總統反恐的決心。以同樣類似的報導為標題的還有《商人報》：「我們定會找到並殲滅他們」（Мы их найдем и уничтожим）；《先鋒真理報》：「德密特里‧梅德韋杰夫：我們將絕無動搖地持續打擊恐怖主義到底」（Дмитрий Медведев: «Мы продолжим операции против террористов без колебаний и до конца）；《俄羅斯報》：找到並懲罰（Найти и покарать）。

政府表達後續處理和關懷的文章包括：NEWSru.com 報導：普京、紹耶古、盧日科夫保證：「地鐵爆炸案後城市快速恢復正常」（Путин, Шойгу и Лужков удовлетворены: городские службы хорошо справились с последствиями взрывов）。CMИ.py：總統向死者致意（Президент почтил память погибших）。

還有讚揚救災人員行動的相關報導。

3 月 29 日，在莫斯科市長陪同下，俄羅斯總統向在盧比揚卡地鐵站爆炸事故中喪生的人民獻花致哀。（俄新社照片）

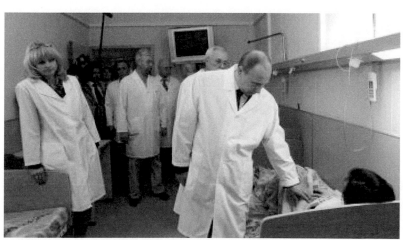

3 月 29 日，地鐵爆炸發生後，普京總理立刻從克拉斯諾亞爾斯克飛往莫斯科探望躺在醫院中受傷病患的情景。（俄新社照片）

盧比揚卡地鐵站爆炸後，俄羅斯緊急狀態部立即出動兩架 БК-117 型直升機救援。（路透社照片）

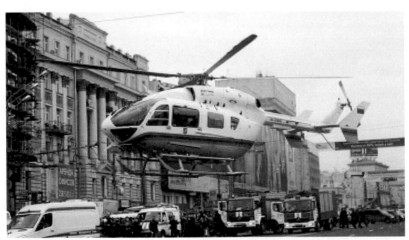

文化公園站爆炸後，俄羅斯的空中救援隊現場支援的情景。（俄新社照片）

文化公園站爆炸後，俄羅斯緊急狀態部救援隊趕到現場並且維持路上民眾疏散時的秩序。（路透社照片）

參、結論

　　這次莫斯科地鐵爆炸案與高加索分離主義者的恐怖活動有關，本次的恐怖事件發生在首都市中心，有擾亂政治核心的意圖，尤其又是在俄羅斯政府要慶祝5月9日蘇聯戰勝納粹德國的勝利節之前，近年來，俄羅斯政府每年都在此日舉辦閱兵儀式，今年美軍還首度參加了俄羅斯勝利節的閱兵儀式。筆者認為，當權者的危機處理反映俄羅斯國家安全管理的幾個特點：

　　第一，政府機關的官方網站成為重要資訊窗口：隨著網路時代的來臨，政府機關資訊公開化也成為趨勢，官方網站成為政府資訊公開與權威管道的訊息窗口。政府機關的官方網站其實就是自己的門面，至少具有幾點功能：建立組織本身在社會上的公信力；向公眾報告他們關心重要議題的公共傳播平台；準確消息或是權威訊息的來源者；重要資料檔案的提供者。

　　第二，普京作為國家救星的形象再次加深：普京在這次爆炸案中的表現令人印象深刻，《先鋒真理報》：「地鐵爆炸改變普京行程表」，報導內容大體說：總理接獲恐怖襲擊消息後，立刻從克拉斯諾亞爾斯克飛往莫斯科，延後在西伯利亞討論發展職業教育和制定西伯利亞發展戰略的議事日程。普京表示，我們要向受害者和家屬提供協助。在困難的時刻，我們要團結，呼籲交通工具業者和中小企業主不要乘機哄抬價格。紹耶古部長向總理表示提供直升機和必要的醫療救助。盧日科夫宣布，為了解決交通問題和確保乘客安全，在攻擊的發生地點提供超過 130 輛巴士。普京還簽署一項針對受害者家屬一次性補償的特別法令。

　　第三，梅普權力結構的變化：西方國家普遍希望俄羅斯統治者的權力能夠向現任總統梅德韋杰夫移動，爆炸案發生後這項希望幾乎算是落空了。2008 年以前，西方輿論猛指普京要修憲擔任第三任總統；2008 年以後，西方輿論主攻普京總理和梅德韋杰夫總統之間有心結，總而言之，普京是一位非常難對付的俄國強人，因此西方國家希望梅德韋杰夫能夠在 2012 繼續掌權，甚至最後削弱普京的影響力。普京總理與梅德韋杰夫總統在這次國家安全問題發生後，彼此之間的政治權力發生了微妙的變化。普京在葉利欽總統執政期間和自己八年的總統任內，掌管的重點就是國家安全。未來俄羅斯國家發展看來還是必須在國家安全議題上發展經濟。吳非和胡逢瑛（2010）[12]在香港《大公報》撰文表示：莫斯科發生的兩起爆炸案看來將會使俄羅斯政府主政的方向發生轉變，普京主導的以安全為前提的國家發展方向將會佔上風，梅德韋傑夫主導的緩和發展

---

[12]　吳非和胡逢瑛（2010/04/02）。俄將延續普京國安路線。香港《大公報》http://www. takungpao.com/news/10/04/02/LTB-1237661.htm。

方式將會遇到挫折。爆炸案再次提醒俄羅斯民眾，在安全的基礎上發展經濟是俄羅斯必走的道路。

第四，國家安全成為控管媒體的理由。胡逢瑛（2009）[13]認為，打擊恐怖主義是普京自 2000 年擔任總統以來最重要的工作，在維護國家安全方面，媒體需要與政府合作。反恐法通過後，媒體對於緊急事件的報導受到很多的規定，其中關於任何同情恐怖主義的言論都將被視為支持恐怖主義，這一點對於媒體在災難報導上有很大的箝制。其它包括緊急狀態法、戰爭法、極端主義法，都有類似的規定，這應該與普京將國家安全看作為國家崛起過程中最重要的穩定因素有關。

第五，政府對媒體在危機中的控管。整體來說，俄羅斯媒體報導偏重在緊急狀態部救災的迅速性、政府打擊恐怖主義的決心以及顯示政府掌控危機過後的整體局面。媒體報導中很少出現血腥或是家屬悲情的畫面和照片，顯示媒體在緊急狀態中的自律和政府對媒體法律的控制。在網際網路的年代，政府的資訊公開與媒體關係成為危機年代的重要工作，也是政府效率在民眾心中的形象指標和信心指數，媒體當然也是政府控制議題的路徑，俄羅斯政府對媒體經營權和政策的控管非常重要，本文不做贅述了。簡言之，俄羅斯案例或可提供我們政府在危機處理方面作為參考借鑒的對象之一吧。

第六，國家發展戰略特點：俄羅斯近年來建立自主性和可控性的民主政體，強調民主政體的公眾利益和國家中央集權的可控性垂直管理，把俄羅斯定位成國家安全影響國家利益的區域強權並以此作為國家發展的戰略目標。俄羅斯緊急狀態部與媒體控管都屬於以中央集權進行可控性民主政體的特點，換言之，民主政體是世界潮

---

[13] 胡逢瑛（2009）。俄羅斯傳媒新戰略──從普京到梅普共治的年代，台北：秀威出版社，頁 82。

流，而在國家安全出問題的地區以中央集權控制救災體系和媒體來
進行民主政體的維繫，俄羅斯政府在危機時如何處理媒體關係獲得
了許多發展中國家的關注。

社會科學類　AF0148

俄羅斯民主轉折：
衝突、反恐與危機處理

作　　者 / 胡逢瑛
責任編輯 / 林泰宏
圖文排版 / 黃莉珊
封面設計 / 陳佩蓉

發 行 人 / 宋政坤
法律顧問 / 毛國樑　律師
印製出版 / 秀威資訊科技股份有限公司
　　　　　114 台北市內湖區瑞光路 76 巷 65 號 1 樓
　　　　　電話：+886-2-2796-3638　傳真：+886-2-2796-1377
　　　　　http://www.showwe.com.tw
劃撥帳號 / 19563868　戶名：秀威資訊科技股份有限公司
　　　　　讀者服務信箱：service@showwe.com.tw
展售門市 / 國家書店（松江門市）
　　　　　104 台北市中山區松江路 209 號 1 樓
　　　　　電話：+886-2-2518-0207　傳真：+886-2-2518-0778
網路訂購 / 秀威網路書店：http://www.bodbooks.tw
　　　　　國家網路書店：http://www.govbooks.com.tw
圖書經銷 / 紅螞蟻圖書有限公司
　　　　　114 台北市內湖區舊宗路二段 121 巷 28、32 號 4 樓
　　　　　電話：+886-2-2795-3656　傳真：+886-2-2795-4100

2011 年 04 月 BOD 一版
定價：180 元
版權所有　翻印必究
本書如有缺頁、破損或裝訂錯誤，請寄回更換

Copyright©2011 by Showwe Information Co., Ltd.
Printed in Taiwan
All Rights Reserved

國家圖書館出版品預行編目

俄羅斯民主轉折：衝突、反恐與危機處理 /
　胡逢瑛著.-- 一版. -- 臺北市：秀威資訊科技,
2011.04
　　面 ；　　公分. -- (社會科學類；AF0148)
BOD 版
ISBN 978-986-221-679-8 (平裝)

　1. 政治　2. 民主化　3.國際關係　4.俄國

574.48　　　　　　　　　　　　99023133

讀者回函卡

感謝您購買本書，為提升服務品質，請填妥以下資料，將讀者回函卡直接寄回或傳真本公司，收到您的寶貴意見後，我們會收藏記錄及檢討，謝謝！
如您需要了解本公司最新出版書目、購書優惠或企劃活動，歡迎您上網查詢或下載相關資料：http:// www.showwe.com.tw

您購買的書名：＿＿＿＿＿＿＿＿＿＿＿＿＿＿＿＿＿＿＿＿＿

出生日期：＿＿＿＿＿年＿＿＿＿＿月＿＿＿＿＿日

學歷：□高中 (含) 以下　　□大專　　□研究所 (含) 以上

職業：□製造業　□金融業　□資訊業　□軍警　□傳播業　□自由業
　　　□服務業　□公務員　□教職　　□學生　□家管　　□其它＿＿＿

購書地點：□網路書店　□實體書店　□書展　□郵購　□贈閱　□其他

您從何得知本書的消息？

　□網路書店　□實體書店　□網路搜尋　□電子報　□書訊　□雜誌
　□傳播媒體　□親友推薦　□網站推薦　□部落格　□其他＿＿＿＿＿

您對本書的評價：（請填代號　1.非常滿意　2.滿意　3.尚可　4.再改進）

　封面設計＿＿＿　版面編排＿＿＿　內容＿＿＿　文／譯筆＿＿＿　價格＿＿＿

讀完書後您覺得：

　□很有收穫　□有收穫　□收穫不多　□沒收穫

對我們的建議：＿＿＿＿＿＿＿＿＿＿＿＿＿＿＿＿＿＿＿＿＿

請貼
郵票

11466

台北市內湖區瑞光路 76 巷 65 號 1 樓

秀威資訊科技股份有限公司 　　收

BOD 數位出版事業部

・・・

（請沿線對折寄回，謝謝！）

姓　　名：＿＿＿＿＿＿＿＿＿　　年齡：＿＿＿＿＿　　性別：□女　□男

郵遞區號：□□□□□

地　　址：＿＿＿＿＿＿＿＿＿＿＿＿＿＿＿＿＿＿＿＿＿＿＿＿＿

聯絡電話：(日)＿＿＿＿＿＿＿＿＿＿　　(夜)＿＿＿＿＿＿＿＿＿＿＿

E-mail：＿＿＿＿＿＿＿＿＿＿＿＿＿＿＿＿＿＿＿＿＿＿＿